VISUALIZACION CREATIVA

SHAKTI GAWAIN

Visualización creativa

Cómo usar la imaginación
para producir cambios positivos

Traducción:
LILIANA E. VALIENTE

Publicado por New World Library
58 Paul Drive, San Rafael, CA 94903

© 1995 Shakti Gawain

Funda designada por Peter Tjebbes y Vanina Steiner

Library of Congress Cataloging-in-Publication Data:

Gawain, Shakti, 1948-
{Creative Visualization, Spanish}
Visualización creativa : cómo usar la imaginación
para producir cambios positivos /
Shakti Gawain ; traducción: Lilliana E. Valiente.
p.   cm.

ISBN 1-880032-69-4 (alk. paper)
1. Visualization. 2. Affirmations. 3. Self-actualization
(Psychology) I. Title.
BF367.G3418 1995
153.3'2--dc20   95-9282
                                 CIP

Impreso en Los Estados Unidos
Distribuirdo por Publishers Group West

Título original: *Creative Visualization*
Original Inglés editión, 36 impresiónes, 1978-1994
Primero Español Norte Americano impresión, Octubre 1995

Impresión: Año:
10 9 8 7 6 5 4 3 2 1   99 98 97 96 95

*Este libro está dedicado
a
ustedes*

Agradecimientos

Gracias, Mark Allen y Dean Campbell por el amor y el apoyo que me brindaron en la escritura del libro y de tantas otras maneras. Gracias Rainbow Canyon por las hermosas ilustraciones y por la hermosa amistad que nos une. Y gracias especialmente a mi madre, Elizabeth, por todo el amor, la sabiduría y el ánimo.

También quiero agradecer a todos los increíbles maestros que contribuyeron a mi vida y a mi felicidad, tanto como a la comprensión canalizada en este libro. A muchos los conocí como gurus, a otros como amigos personales, y otros llegaron a mí en forma de libros. A todos ellos, todo mi amor y mi más profundo reconocimiento.

Finalmente, quiero agradecer a mi propio guía interior, que sigue mostrándome el camino... recordándome lo maravilloso de la vida... y que es en realidad el responsable del nacimiento de este libro.

SUMARIO

VISUALIZACION CREATIVA

Carta a mis Lectores

Queridos amigos:

Decidí escribir este libro porque me pareció la mejor manera de compartir con ustedes la gran cantidad de cosas maravillosas que aprendí y que tanto me han ayudado a profundizar y a expandir mi experiencia y mi alegría de vivir.

No me considero bajo ningún punto de vista una experta en el arte de la visualización creativa. Soy una estudiosa de la materia, y cuanto más estudio y utilizo la visualización creativa, más descubro acerca de su profundidad y de sus potencialidades... sinceramente, tiene infinitos poderes de creación, como nuestra propia imaginación.

Este libro pretende ser una introducción y servir como material de trabajo para aprender a utilizar la visualización creativa. Muy poca parte de este material me pertenece; es una síntesis de las ideas y técnicas más prácticas que fui aprendiendo en el curso de mis estudios.

Mis fuentes son variadas. Al final del libro encontrarán una lista de libros, grabaciones, películas y cursos que fueron de mucha importancia para mí y que creo que les resultarán interesantes y útiles.

Quiero hacerles notar que este libro contiene distintas técnicas. Probablemente les resulte mejor no tratar de absorberlas todas juntas. Sugiero que lean el libro lentamente y que intenten realizar algunos de los ejercicios de manera gradual, posibilitando así la profunda interiorización de los mismos. Puede ser que prefieran leerlo todo de una vez y luego volver a leerlo más lentamente.

Les pido que me envíen sus comentarios y sugerencias (New World Library). Aunque quizás no pueda responder personalmente a todas las comunicaciones, aprecio muchísimo que ustedes participen.

Este libro es mi regalo de amor para ustedes... espero que lo reciban como una bendición... espero que les brinde más y más satisfacciones en la vida... espero que alimente la luz que brilla dentro de ustedes...

Que lo disfruten.

Con amor,

Shakti

Primera Parte

Fundamentos
de la
Visualización Creativa

Cada momento de tu vida es infinitamente creativo
y el universo es de una generosidad sin fin
Sólo tienes que realizar un pedido claro,
y todo lo que tu corazón desea vendrá a ti.

¿Qué es Visualización Creativa?

Visualización creativa es la técnica que nos permite usar la imaginación para crear todo lo que necesitamos. No se trata de nada nuevo ni desconocido. Son técnicas que usamos todos los días, permanentemente. Es nuestro poder natural de imaginación; es la energía creativa básica del universo que usamos en forma constante, aunque no nos demos cuenta.

Muchos de nosotros utilizamos el poder de visualización creativa desde hace tiempo y casi inconscientemente. Debido a que tenemos conceptos negativos sobre la vida muy arraigados en nuestro interior, imaginamos automáticamente que la vida nos depararía carencias, limitaciones, dificultades y problemas. En cierto modo, ése es el mundo que nos creamos.

Este libro trata de enseñarnos a utilizar nuestra imaginación creativa de manera cada vez más consciente, como una técnica para crear lo que verdaderamente queremos: amor, logros, placer, relaciones satisfactorias, un buen trabajo, una personalidad definida, salud, belleza, prosperidad, paz interior y armonía... todo lo que nuestro corazón desea. La visualización creativa nos proporciona la clave para disfrutar de las bondades y virtudes de la vida.

La imaginación es la capacidad de crear una idea o una imagen mental. En la visualización creativa usamos nuestra imaginación para crear una imagen clara de algo que deseamos manifestar. Luego tendremos que seguir concentrándonos regularmente en la idea o imagen e imprimirle energía positiva hasta que se convierta en una realidad objetiva... en otras palabras, hasta que hayamos conseguido realmente lo que estuvimos visualizando.

Nuestro objetivo puede ser de cualquier nivel: físico, emocional, mental o espiritual. Podemos imaginarnos en una casa nueva, en un nuevo trabajo, en una relación agradable; podemos querer sentirnos tranquilos y serenos, o quizás mejorar la memoria y la capacidad de aprender. También podemos imaginar que manejamos con poco esfuerzo una situación difícil, o simplemente que somos seres radiantes, colmados de luz y de amor. Obtendremos resultados en cualquier nivel que trabajemos. A través de la experiencia iremos encontrando las imágenes y técnicas que más nos convengan.

Como ejemplo vamos a imaginar que no nos llevamos bien con determinada persona y que querríamos que esa relación fuera más armoniosa.

Después de relajarnos y entrar en un estado de meditación profunda, imaginemos mentalmente que estamos comunicándonos con esa persona abiertamente, con sinceridad y de manera armoniosa. Tratemos de dejarnos invadir por la sensación de que esa imagen mental es posible, vamos a vivirla como si realmente sucediera.

Tendremos que repetir este simple ejercicio con frecuencia, quizás dos o tres veces por día, o cuando pensamos en lo que nos pasa. Si nuestras intenciones y deseos son sinceros, y si estamos realmente abiertos al cambio, pronto notaremos que la relación es más fácil y fluida, y que la otra persona parece ahora más agradable y menos problemática. Con el tiempo veremos que el problema quedará totalmente resuelto, para beneficio de ambas partes.

Es muy importante comprender que esta técnica no puede utilizarse para "controlar" el comportamiento de los otros ni para hacer que otros realicen algo en contra de sus voluntades. El efecto de esta técnica es derribar nuestras barreras internas para dejar paso a la armonía y a la realización, permitiendo así que todos nos manifestemos en nuestro aspecto más positivo.

Para utilizar la visualización creativa no es necesario creer en ideas metafísicas o espirituales, aunque debemos estar dispuestos a abrigar la esperanza de que ciertos conceptos sean posibles. No es necesario "tener fe" en ninguna fuerza externa a nosotros.

Lo único que necesitamos es tener el deseo de enriquecer nuestros conocimientos y experiencias, y contar con una mentalidad lo suficientemente abierta como para intentar algo nuevo con espíritu positivo.

Estudiemos los principios y probemos las técnicas con la mente y el alma abiertas; luego podremos decidir si nos resultan útiles.

Si así fuera, continuemos utilizando y desarrollando esas técnicas; pronto notaremos en nosotros mismos y en nuestras vidas cambios que probablemente excedan todo lo que soñamos al comienzo...

La visualización creativa es mágica en el sentido más profundo de la palabra. Implica comprendernos y alinearnos con los principios naturales que gobiernan los caminos de nuestro universo, y aprender a utilizar esos principios de manera consciente y creativa.

Si nos describieran una flor hermosísima o una puesta de sol espectacular que nunca hemos visto, pensaríamos que se trata de algo maravilloso (¡y realmente es así!). En cuanto lo presenciáramos y comenzáramos a interesarnos por las leyes naturales que lo forman, comenzaríamos a comprender su origen y todo nos parecería natural, no misterioso.

Lo mismo es válido para el proceso de visualización creativa. Lo que al principio puede parecernos asombroso o imposible para el tipo de educación tan limitada que recibieron nuestras mentes racionales, se convierte en algo perfectamente comprensible cuando aprendemos y ponemos en práctica los conceptos fundamentales.

Entonces, nos parecerá estar obrando milagros en nuestras vidas... ¡y así será!

Cómo Trabaja la
Visualización Creativa

Para entender cómo trabaja la visualización creativa, nos resultará de utilidad considerar distintos principios que están interrelacionados:

El universo físico es energía
El mundo científico está empezando a descubrir aquello que los maestros metafísicos y espirituales sabían desde hace siglos. Nuestro universo físico no está compuesto de "materia": su componente básico es un tipo de fuerza o esencia que denominamos *energía*.

Las cosas parecen ser sólidas y estar separadas unas de otras en el nivel en el que normalmente las perciben nuestros sentidos físicos. Sin embargo, en niveles más sutiles, como los niveles atómico y subatómico, la materia que en apariencia es sólida se ve como partículas cada vez más pequeñas dentro de otras partículas, lo que finalmente resulta ser energía pura.

Físicamente, nosotros somos energía, y todo lo que nos rodea está formado por energía. Todos somos parte de un gran campo de energía. En realidad, las cosas que percibimos como sólidas y separadas son varias formas de nuestra energía esencial, que es común a todo. Todos somos uno, incluso en un sentido físico literal.

La energía vibra a diferentes velocidades, por lo tanto tiene cualidades diferentes, de más sutil a densa. El pensamiento es una forma relativamente sutil y liviana de energía, y por eso puede cambiar rápidamente y con facilidad. La materia es energía relativamente densa y compacta, y por eso más lenta para moverse y cambiar. Dentro de la materia también hay grandes variantes. El cuerpo humano es relativamente sutil, cambia rápido y hay muchas cosas que lo afectan con facilidad. Una roca es una forma mucho más densa, de cambios más lentos, y nada la afecta fácilmente. Pero incluso la roca finalmente cambia y es afectada por la energía sutil y liviana del agua. Todas las formas de energía estan interrelacionadas y pueden afectarse unas a otras.

La energía es magnética

Una de las leyes de la energía es la siguiente: la energía de cierta calidad o vibración tiende a atraer energía de similar calidad y vibración.

El pensamiento y los sentimientos tienen su propia energía magnética, que atrae energía de naturaleza similar. Podemos ver este principio en actividad cuando nos encontramos "accidentalmente" con alguien en quien habíamos estado pensando, o "sucede" que tomamos un libro que contiene exactamente la información que necesitamos en ese momento.

La forma sigue a la idea

El pensamiento es una forma de energía rápida, liviana y móvil. Se manifesta instantáneamente, en oposición a formas más densas, como la materia.

Cuando creamos algo, siempre lo creamos primero en forma de pensamiento. El pensamiento o la idea preceden siempre a la manifestación. "Creo que voy a preparar la cena" es la idea que precede a la creación de la comida. "Quiero un vestido nuevo" precede a la acción de salir a comprarlo. "Necesito un trabajo" precede al hecho de encontrarlo, y así sucesivamente.

El artista tiene primero la idea o inspiración, luego crea una pintura. El constructor tiene un diseño, luego construye una casa.

La idea es como una heliografía: crea una

imagen de la forma, que luego se magnetiza y guía la energía física para que fluya dentro de esa forma, y termina por manifestarla en el plano físico.

El mismo principio es aplicable incluso cuando no realizamos acciones físicas directas para manifestar nuestras ideas. El simple hecho de tener una idea o un pensamiento, de mantenerlos en la mente, es una energía que tiende a atraer y crear esa forma en el plano material. Si pensamos permanentemente en la enfermedad, acabaremos por enfermarnos; si nos creemos hermosos, seremos hermosos.

Ley de radiación y atracción

Este principio dice que todo lo que depositemos en el universo volverá a reflejarse en nosotros. "Cosecharás lo que siembres."

Desde un punto de vista práctico, esto significa que atraemos a nuestras vidas todo aquello en lo que pensamos permanentemente, lo que creemos con más certeza, lo que deseamos en los niveles más profundos, y/o lo que imaginamos de manera más vívida.

Cuando somos negativos y temerosos, inseguros o ansiosos, tendemos a atraer las mismas experiencias, situaciones o personas que intentamos evitar. Si tenemos una actitud básicamente positiva, si esperamos y visualizamos placer, satisfacción y felicidad, atraeremos a personas y crearemos situaciones y eventos que se adecuen a nuestras expectativas positivas. Por lo tanto, cuanta más energía positiva pongamos en imaginar lo que deseamos, más frecuentemente se manifestará en nuestras vidas.

Cómo usar la visualización creativa
El proceso de cambio no ocurre en niveles superficiales, simplemente a través de un "pensamiento positivo". Necesita de exploración, descubrimiento y cambios en las actitudes más profundas hacia la vida. Es por eso que aprender a usar la visualización creativa puede convertirse en un proceso de crecimiento profundo y significativo.

Ejercicio Simple de Visualización Creativa

El siguiente es un ejercicio de técnica básica de visualización creativa:

Primero pensemos en algo que nos gustaría. Para este ejercicio podemos elegir algo simple, que nos parezca *fácil* de obtener. Puede ser un objeto que nos gustaría tener, algo que nos gustaría que sucediera, una situación en que nos gustaría vernos, o alguna circunstancia de la vida que necesitemos mejorar.

Vamos a colocarnos en una posición cómoda, parados o acostados, en un lugar tranquilo donde nadie nos interrumpa. Nos relajamos completamente. Tenemos que concentrarnos en relajar los músculos uno por uno, empezando por la punta de los pies hasta la nuca, dejando que la tensión abandone nuestro cuerpo.

Hagamos respiración abdominal profunda y lenta. Contemos lentamente de 10 a 1, sintiendo que nos vamos relajando más con cada número que contamos.

Cuando estemos profundamente relajados, comencemos a imaginar lo que queremos, exactamente como nos gustaría que fuera. Si es un objeto, vamos a imaginarnos con el objeto, usándolo, admirándolo, disfrutándolo, mostrándolo a los amigos. Si es una situación, imaginemos que estamos allí y que todo ocurre exactamente como lo deseamos. Podemos imaginar qué dice la gente, o cualquier detalle que nos lo haga más real.

Imaginar esto puede llevarnos un tiempo relativamente corto o unos cuantos minutos: lo que mejor nos parezca. Tiene que resultarnos divertido. Debe ser una experiencia muy feliz, como la del niño que sueña despierto con el regalo de cumpleaños.

Con la idea o imagen aún en nuestra mente, vamos a hacernos declaraciones positivas y afirmativas (en voz alta o en silencio), tales como:

"Estoy pasando un fin de semana maravilloso en las montañas. ¡Qué lindas vacaciones!", o

"Por fin tengo una buena relación con .... Estamos aprendiendo a comprendernos."

Estas declaraciones positivas, llamadas afirmaciones, son una parte muy importante de la visualización creativa, que abordaremos en detalle en otro capítulo.

Debemos terminar siempre nuestra visualización con esta firme declaración:

"Esto, o algo mejor,
se manifiesta para mí
en total satisfacción y armonía,
para el profundo bienestar de toda la vida."

Esto deja lugar para algo diferente e incluso mejor de lo que hubiéramos visualizado originariamente, y sirve para recordarnos que este proceso funciona solamente en beneficio de todo.

Si surgen dudas o pensamientos contradictorios, no debemos resistirnos ni tratar de evitarlos. Esto les otorgaría un poder que de otro modo no tienen. Dejemos que fluyan por nuestra conciencia, y volvamos a nuestras declaraciones e imágenes positivas.

Vamos a practicar este proceso sólo por el tiempo que nos resulte placentero e interesante. Pueden ser cinco minutos o media hora. Podemos repetirlo todos los días, o con la frecuencia que necesitemos.

Como podemos ver, el proceso básico es relativamente simple. Sin embargo, para usarlo con verdadera eficiencia se requiere cierta comprensión y dedicación.

La Importancia de la Relajación

La relajación profunda es importante cuando iniciamos el aprendizaje de la visualización creativa. Cuando cuerpo y mente están en estado de relajación profunda, las ondas cerebrales se vuelven más lentas. Este nivel más profundo y lento es conocido comúnmente como "nivel alfa" (mientras que el estado de conciencia activa se denomina "nivel beta"). Se están realizando varias investigaciones sobre sus efectos.

Se descubrió que el nivel alfa es un estado de conciencia muy saludable, debido al efecto de relajación que produce sobre la mente y el cuerpo.Y lo interesante es que se descubrió que es mucho más eficaz que el nivel beta, ya que es más activo para operar cambios reales en el denominado mundo objetivo, mediante el uso de la visualización. Para nuestros propósitos prácticos, esto significa que si aprendemos a relajarnos profundamente y a hacer visualización creativa, tendremos muchas más posibilidades de realizar cambios en nuestras vidas que pensando, preocupándonos, planeando y tratando de manipular cosas y personas.

Si tenemos alguna forma especial de entrar en relajación profunda o en un estado de meditación al que estamos acostumbrados, no dudemos en usar ese método. Si no, podemos utilizar el método descripto en el capítulo anterior: respirar lenta y profundamente, relajar cada músculo por vez y contar lentamente de 10 a 1. Si notamos problemas físicos para relajarnos, podemos recurrir al yoga o a otra disciplina de meditación que pueda sernos de utilidad. Por lo general, basta con hacer algunas prácticas de relajación.

Por supuesto, el beneficio adicional de todo esto es que la relajación profunda mejora nuestro estado mental y físico.

Los momentos ideales para hacer visualización creativa son por la noche, antes de dormirnos, o a la mañana, antes de levantarnos, dado que en esos momentos por lo general la mente y el cuerpo están profundamente relajados y receptivos. Podemos visualizar mientras permanecemos acostados, pero si vemos que nos quedamos dormidos, es mejor sentarnos en el borde de la cama o en una silla, en una posición cómoda, con la espalda derecha y equilibrada. Esto ayuda a que la energía fluya y facilita la formación de ondas alfa profundas.

Un breve período de meditación y visualización creativa al mediodía nos permitirá relajarnos y renovarnos; así nuestro día fluirá más suavemente.

Cómo Visualizar

Muchos se preguntan por el significado exacto de "visualizar". Otros se preocupan porque en realidad no "ven" una imagen mental cuando cierran los ojos y tratan de visualizar.

No nos enamoremos del término "visualizar". *No es necesario ver una imagen mentalmente.* Hay personas que ven imágenes muy claras y definidas al cerrar los ojos e imaginar algo. Otras sienten que en realidad no "ven" nada, simplemente "piensan", o imaginan que están mirando o sintiendo algo. Es perfecto. Nosotros usamos la imaginación de manera constante, es imposible que no sea así, por lo tanto, cualquier proceso que llevemos a cabo para imaginar es adecuado.

Si todavía no nos queda claro el concepto

de visualizar, podemos leer los siguientes ejercicios y luego ensayarlos con los ojos cerrados:

Vamos a cerrar los ojos y a relajarnos profundamente. Pensemos en algún lugar que nos sea familiar, como el dormitorio o el living. Recordemos detalles familiares, tales como el color de la alfombra, la disposición de los muebles o la luminosidad de ese lugar. Imaginemos que vamos caminando por esa habitación y que nos sentamos en una silla cómoda o nos acostamos en la cama.

Ahora vamos a recordar alguna experiencia placentera que hemos tenido pocos días atrás, especialmente una en que se destaquen sensaciones físicas agradables, tales como una comida deliciosa, una sesión de masajes, nadar en agua fresca o hacer el amor. Recordemos la experiencia muy vívidamente, y disfrutemos otra vez de esas sensaciones placenteras.

Ahora imaginemos que estamos en algun lugar idílico en el campo, recostados sobre un suave pasto verde a orillas de un río fresco, o caminando por un hermoso bosque. Puede ser un lugar que conozcamos, o un lugar ideal adonde siempre quisimos ir. Pensemos en los detalles, y vayamos creándolo como nos gustaría que fuera.

El proceso que hayamos utilizado para traer estas escenas a la mente es nuestra forma de "visualizar".

En realidad la visualización creativa implica dos modos diferentes. Uno es el receptivo, el otro es el activo. En el modo receptivo sólo debemos relajarnos y permitir que las imágenes o impresiones vengan a nosotros sin elegir los detalles: tomamos lo que nos llega. En el modo activo, elegimos y creamos conscientemente lo que deseamos ver o imaginar. Ambos procesos son una parte importante de la visualización creativa, y nuestras capacidades receptivas y activas se incrementarán con la práctica.

Problemas especiales de la visualización

En ocasiones puede suceder que alguien sienta totalmente bloqueada su capacidad de visualizar o imaginar voluntariamente, y que "no puede hacerlo". Este tipo de bloqueo suele provenir de algún temor y puede solucionarse si la persona lo desea.

Generalmente bloqueamos nuestra capacidad para usar la visualización creativa por temor a lo que podemos encontrar al mirar en nuestro interior: temor de nuestros propios sentimientos y emociones.

Por ejemplo, un hombre en mis clases jamás llegaba a visualizar, y se quedaba dormido durante las meditaciones. Finalmente descubrimos que cierta vez había tenido una experiencia emocional profunda en un proceso de visualización, y temía sentirse incómodo si se mostraba emocionado frente a otras personas.

La verdad es que no hay *nada* en nuestro interior que pueda hacernos daño; sólo se trata del temor a quedarnos atrapados en nuestros propios sentimientos.

Si durante la meditación ocurre algo extraño o inesperado, lo mejor que podemos hacer es mirarlo íntegramente, permanecer allí y experimentarlo todo lo que podamos; veremos que pierde todo el poder negativo que ejercía sobre nosotros. Nuestros temores provienen de cosas a las que no nos enfrentamos. Cuando estemos dispuestos a mirar la fuente de ese temor *íntegra* y *profundamente*, perderá su poder.

Afortunadamente, los problemas de visualización de este tipo son escasos. Como regla general, la visualización creativa se produce de manera natural, y, cuanto más practicamos, más fácilmente se produce.

Cuatro Pasos Básicos para una Visualización Creativa Eficaz

1. Cómo fijar nuestro objetivo

Vamos a decidir qué queremos tener, realizar o crear. Puede ser en cualquier nivel: un trabajo, una casa, una relación, un cambio en nosotros mismos, mayor prosperidad, un estado de ánimo positivo, salud, belleza, mejores condiciones físicas, o lo que fuera.

Al principio debemos elegir objetivos en los que podamos creer con facilidad, cuya realización nos parezca posible en el futuro cercano. De este modo, no tendremos que enfrentarnos con mucha resistencia negativa en nosotros mismos, y podremos maximizar la sensación de lograr algo mientras aprendemos visualización creativa. Más adelante, cuando tengamos más práctica, podremos dedicarnos a problemas más difíciles o desafiantes.

2. Cómo crear una idea o una imagen con claridad

Tendremos que crear una idea o una imagen mental del objeto o de la situación exactamente como lo queremos. Pensemos en tiempo presente, como *algo* que ya existe tal como queremos que sea. Imaginemos que estamos en esa situación como lo deseamos, ahora. Vamos a incluir todos los detalles que podamos.

Quizás nos interese hacer un dibujo real de lo que imaginamos, para lo que podemos trazar un mapa del tesoro (descripto más adelante). Este paso es optativo, para nada necesario, pero muchas veces útil (¡y divertido!).

3. Cómo concentrarnos

Hagamos que la idea o la imagen mental se nos presenten frecuentemente en la mente, tanto en períodos de meditación tranquila como en cualquier momento del día cuando pensemos en eso. De este modo pasará a formar parte integral de nuestra vida, se convertirá casi en una realidad y podremos proyectarla con más posibilidades de éxito.

4. Cómo aplicarle energía positiva

Al concentrarnos en el objetivo, pensemos

de manera positiva, alentadora. Hagamos declaraciones positivas: que existe, que vino o que está viniendo a nosotros. Imaginemos que lo estamos recibiendo o logrando. Estas declaraciones positivas se denominan "afirmaciones". Cuando usemos las afirmaciones, tratemos de evitar toda duda o descreimiento que podamos tener, al menos por el momento, y practiquemos la manera de lograr la sensación de que lo que deseamos es muy real y posible.

Sigamos trabajando con este proceso hasta que hayamos logrado el objetivo, o hasta que ya no lo deseemos más. Debemos recordar que los objetivos suelen cambiar antes de haberse realizado, lo que es parte totalmente natural del proceso humano de cambio y crecimiento. Por eso no debemos tratar de prolongar el objetivo más allá de nuestras energías; si perdemos el interés significará que es tiempo de revisar qué es lo que queremos.

Si vemos que un objetivo cambia, tenemos que asegurarnos de comprenderlo. Aclaremos mentalmente el hecho de no querer seguir concentrándonos en el objetivo previo. Terminemos el ciclo del objetivo anterior y comencemos el ciclo del nuevo. Esto nos evitará confusiones, o sentimientos de haber "fallado", cuando se trata de un simple cambio.

Cuando logramos un objetivo, debemos asegurarnos de comprender conscientemente que es algo que se completó. Muchas veces obtenemos cosas que habíamos deseado y visualizado, ¡y olvidamos notar que lo logramos! Tenemos que valorar lo que hicimos, darnos unas palmaditas en la espalda, y no olvidarnos de agradecer al universo por satisfacer nuestros pedidos.

La Visualización Creativa Trabaja
Sólo para el Bien

El poder de visualización creativa no puede utilizarse con fines destructivos. La visualización creativa es un medio para desbloquear o derribar las barreras que hemos creado en nuestro interior contra el fluir natural de armonía, abundancia y amor del universo. Es realmente eficaz sólo cuando se utiliza en alineación con nuestros objetivos y propósitos más profundos, para el bienestar de todos los seres humanos.

Si alguien intentara utilizar esta poderosa técnica con fines destructivos y egoístas, sólo estaría demostrando su ignorancia sobre la ley del karma. Este principio básico es el mismo que el de la ley de radiación y atracción: "cosecharás lo que siembres". Lo que tratemos de crear para otros nos volverá siempre como un búmerang. Esto incluye actos de amor, de ayuda o de curación, así como actos negativos y destructivos. Por supuesto, esto significa que, cuanto más utilicemos la visualización creativa para amar y servir a los otros tanto como a nuestros fines más profundos, el amor, los logros y la felicidad llegarán a nosotros con toda naturalidad.

Para asegurarnos de que así lo entendemos, es bueno agregar la siguiente frase a todos nuestros procesos de visualización creativa:

"Esto, o algo mejor,
se manifiesta para mí
en total satisfacción y armonía,
para el profundo bienestar de toda la vida."

Como ejemplo: si estamos visualizando obtener una promoción en el trabajo, no imaginemos que nuestro superior es despedido, sino que va a tomar otra posición más interesante, para servir al bienestar de todos. No es necesario que entendamos o imaginemos cómo sucederá, ni que tratemos de decidir cuál es el mejor desenlace; simplemente asumamos que resultará lo mejor, y dejemos que la inteligencia universal se ocupe de los detalles.

Afirmación

Las afirmaciones son uno de los elementos más importantes de la visualización creativa. Afirmar significa "hacer firme". Una afirmación es una declaración enérgica y positiva acerca de que algo ya es. Es una manera de "hacer firme" lo que imaginamos.

Muchos de nosotros somos conscientes del "diálogo" interno, casi continuo, que se desarrolla en nuestras mentes. La mente está ocupada "hablando" con ella misma, haciendo comentarios permanentes sobre la vida, el mundo, nuestros sentimientos, problemas, otras personas, etc.

Las palabras e ideas que recorren nuestra mente son muy importantes. La mayor parte del tiempo no estamos plenamente conscientes de este fluir de pensamientos, y sin embargo lo que "nos decimos" en la mente es la base en la que formamos nuestra experiencia de realidad. Nuestros comentarios mentales influyen y colorean nuestros sentimientos y percepciones sobre lo que nos ocurre en la vida, y son estas formas de pensamientos las que finalmente atraen y crean todo lo que nos pasa.

Quien haya practicado meditación sabe lo difícil que resulta aquietar esta "charla mental" interna para poder conectarse con la mente intuitiva más profunda e inteligente. Una práctica tradicional de meditación es simplemente observar el diálogo interno con la mayor objetividad posible.

Esta experiencia es muy valiosa, ya que nos permite conscientizar los tipos de pensamientos que normalmente tenemos. Muchos de esos pensamientos son como grabaciones de modelos antiguos que tuvimos en nuestra vida. Son "programaciones" viejas que tomamos hace mucho tiempo, y que todavía influyen en lo que nos pasa hoy.

La práctica de realizar afirmaciones nos permite comenzar a reemplazar gran parte de nuestra charla mental antigua, gastada y negativa con ideas y conceptos más positivos. Es una técnica eficaz, que puede transformar completamente en poco tiempo nuestras actitudes y expectativas sobre la vida, y por lo tanto cambiar totalmente lo que creamos para nosotros.

Las afirmaciones pueden hacerse en silencio, en voz alta, por escrito, e incluso cantadas. Nada más que diez minutos por día de afirmaciones efectivas pueden contrabalancear años de antiguos hábitos mentales. Por supuesto, cuanto más frecuentemente estemos conscientes de lo que "nos estamos diciendo" y podamos elegir palabras y conceptos positivos, más positiva será la realidad que crearemos.

Una afirmación puede ser cualquier declaración positiva, general o muy específica. Hay una cantidad infinita de afirmaciones posibles; las siguientes pueden darnos algunas ideas:

Todos los días y en todos los aspectos me siento mejor, mejor y mejor.
Todo me llega con facilidad y sin esfuerzo.
Soy un ser radiante, pleno de luz y amor.
Estoy iluminado por naturaleza.
Mi vida florece en perfección total.
Tengo todo lo que necesito para disfrutar mi aquí y ahora.
Soy el dueño de mi vida.
Todo lo que necesito ya está dentro de mí.
Tengo mi corazón pleno de perfecta sabiduría.
Soy un todo en mí mismo.
Me quiero y me aprecio tal como soy.
Acepto todos mis sentimientos como parte de mí.
Quiero amar y ser amado.

Cuanto más me quiero a mí mismo, más amor tengo para brindar.

Puedo dar y recibir amor libremente.

Lleno mi vida de relaciones de amor, satisfactorias y felices.

Mi relación con ....es cada día más placentera y feliz.

Tengo un trabajo perfecto, satisfactorio y bien pago.

Adoro hacer mi trabajo y estoy bien recompensado, tanto en el aspecto creativo como en el económico.

Soy un canal abierto de energía creativa.

Soy dinámicamente autoexpresivo.

Siempre me comunico clara y eficazmente.

Tengo el tiempo, la energía, la sabiduría y el dinero suficientes para cumplir con todos mis deseos.

Estoy siempre en el lugar indicado en el momento indicado, dedicado exitosamente a la actividad adecuada.

¡Me hace muy bien tener todo lo que quiero!

El universo es rico y hay mucho para todos.

La abundancia es mi estado natural de ser. ¡Quiero aceptarla!

Infinitas riquezas fluyen a mi vida.

Cada día es más próspero el aspecto económico de mi vida.

Cuanto más tengo, más tengo para dar.

Cuanto más doy, más recibo, y más feliz
me siento.
Me hace muy bien divertirme y disfrutar,
¡por eso lo hago!
Me siento relajado y centrado. Tengo
mucho tiempo para todo.
¡Por fin disfruto de todo lo que hago!
Me siento feliz y dichoso de estar vivo.
¡Soy vibrantemente saludable y
radiantemente hermoso!
¡Estoy abierto para recibir todas las dichas
de este universo abundante!
.... (completar el espacio)
viene hacia mí, fácilmente y sin
esfuerzos.
Tengo un trabajo maravilloso, con un
sueldo maravilloso. Presto un servicio
maravilloso de manera maravillosa.
La luz de Dios dentro de mí obra
milagros en mi vida aquí y ahora.
Doy las gracias por la recuperación divina
de mi mente, mi cuerpo, mis problemas
económicos y todas mis relaciones.
Todo me está saliendo bien.
Reconozco, acepto y practico el plan divino
de mi vida como se me revela paso a
paso.
Doy las gracias por mi estado de salud,
fortuna, felicidad y perfecta auto
expresión.

Es importante recordar lo siguiente sobre las afirmaciones:

1. Las afirmaciones deben ser hechas en tiempo presente, no en futuro. Es importante crearlas como si *ya existieran*. No debemos decir: "Voy a conseguir un trabajo maravilloso", sino: "Tengo un trabajo maravilloso". No se trata de mentirnos a nosotros mismos: se trata de reconocer el hecho de que todo se crea *primero* en el plano mental, antes de poder manifestarse en la realidad objetiva.

2. Las afirmaciones deben ser hechas de la manera más positiva posible. Debemos afirmar lo que queremos, no lo que no queremos. No digamos: "Ya no me quedo dormido a la mañana", sino: "Ahora me despierto en hora y pleno de energía cada mañana". Esto nos asegura la creación de la imagen mental más positiva posible.

Una afirmación negativa puede sernos de utilidad en ciertos momentos, especialmente cuando estamos dedicados a limpiar bloqueos emocionales o malos hábitos específicos, por ejemplo: "No debo tensionarme para lograr hacer cosas". Si de esto se trata, debemos realizar siempre este tipo de afirmación, seguida de otra positiva que describa lo que queremos crear, por ejemplo: "Ahora estoy profundamente relajado y centrado, y todo lo logro con facilidad y sin esfuerzo".

3. En general, cuanto más corta y simple sea la afirmación, tanto más eficaz será. Una

afirmación tanto debe ser una declaración positiva que comunique un sentimiento fuerte. Cuanto más sentimiento comunique, más fuerte será la huella que nos deje en la mente. Las afirmaciones extensas, llenas de palabras, y teóricas, pierden su impacto emocional y se convierten en el "primer tropiezo".

4. Debemos elegir siempre afirmaciones que nos sirvan. Lo que sirve para una persona puede no servir para otra. La afirmación debe ser positiva, expansiva, liberadora y/o sustentadora. Si no es así, debemos encontrar otra, o tratar de cambiar las palabras hasta que suene bien.

Por supuesto, podemos encontrar una resistencia emocional a cualquier afirmación cuando la hagamos por primera vez, especialmente una que tenga mucho significado para nosotros y que vaya a producirnos grandes cambios de conciencia. Se trata simplemente de la resistencia inicial del ego al cambio y al crecimiento.

5. Debemos recordar siempre al hacer afirmaciones que estamos creando algo nuevo. *No estamos tratando de rehacer o cambiar lo que ya existe.* Si así lo hiciéramos, estaríamos resistiéndonos a lo que es, lo que nos crearía conflictos y luchas.

Tomemos la actitud de estar aceptando y manejando lo que ya existe en nuestra vida, y consideremos que cada momento es una nueva oportunidad de comenzar a crear exactamente lo que deseamos y que nos hará felices.

6. Las afirmaciones no están pensadas para *contradecir* o *tratar de cambiar* nuestros sentimientos o emociones. Es importante aceptar y experimentar *todos* nuestros sentimientos, incluyendo los llamados "negativos", sin intentar cambiarlos. Al mismo tiempo, las afirmaciones pueden ayudarnos a crear un nuevo punto de vista sobre la vida, que nos permitirá tener experiencias cada vez más satisfactorias a partir de ahora.

7. Al usar afirmaciones, tratemos en lo posible de creer en ellas y de experimentar que pueden ser ciertas. Suspendamos nuestras dudas por un momento (por lo menos cinco minutos) y pongamos en ellas toda nuestra energía mental y emocional.

Si nuestras afirmaciones se ven invadidas por dudas, resistencia o pensamientos negativos, tendremos que realizar uno de los procesos de depuración, o los procesos de afirmaciones escritas que se encuentran en la cuarta parte de este libro.

No enunciemos las afirmaciones de memoria; tratemos de sentir que realmente tenemos el poder de crear esa realidad (¡y así lo hacemos!). Esta actitud marca la diferencia en la eficacia de las afirmaciones.

Podemos utilizar solamente las afirmaciones, o combinarlas con visualización o imaginación. Siempre tendremos que incluir afirmaciones como parte de los períodos normales de meditación y visualización. En otro capítulo del libro encontrarán ideas para realizar afirmaciones de muchas otras maneras.

Las afirmaciones suelen ser más eficaces e inspiradoras cuando incluyen referencias a fuentes espirituales. La mención de Dios, Cristo, Buda, o cualquier otro gran maestro, embebe a nuestras afirmaciones de energía positiva, y reconoce el origen divino de todas las cosas. También podemos utilizar frases tales como amor divino, la luz que está dentro de mí, o la inteligencia universal.

Ejemplos:

El amor divino obra en mi interior aquí y ahora para crear esto.

El Cristo que está dentro de mí crea milagros en mi vida aquí y ahora.

Mi yo superior me guía en todo lo que hago.

Dios vive en mí y se manifiesta en el mundo a traves de mí.

La luz de Dios me rodea, el amor de Dios

me revela, el poder de Dios fluye en mí.

*¡Dondequiera que yo esté, está Dios, y
todo está bien!*

Una "Paradoja" Espiritual

Muchas veces sucede que quienes han estudiado filosofía oriental o están en la senda del crecimiento consciente sienten dudas ante la posibilidad de utilizar la visualización creativa. El conflicto proviene de la paradoja aparente de "estar aquí y ahora", desligada de todo apego y deseo, y la idea de fijar objetivos y crear lo que queremos en la vida. Digo paradoja aparente porque en realidad no hay ninguna contradicción entre las dos enseñanzas si se consideran a un nivel profundo. Son dos principios importantes que deben ser comprendidos y vividos para poder convertirnos en personas conscientes. A fin de poder explicar cómo se relacionan, permítanme compartir con ustedes mi punto de vista acerca del proceso de crecimiento interior:

La mayoría de los que vivimos en nuestra cultura hemos sido despojados del conocimiento sobre quiénes somos en realidad. Perdimos temporariamente la conexión consciente con nuestro yo superior, lo que nos llevó a perder el sentido de poder y responsabilidad en la vida. En cierto aspecto interior nos sentimos desamparados, básicamente impotentes para efectuar un cambio real en nuestras vidas o en el mundo. Este sentimiento interior de impotencia hace que nos sobrecompensemos, a través de duros esfuerzos y luchas para conseguir cierto grado de poder o control en el mundo.

Es así que nos formamos orientados hacia los objetivos; nos conectamos emocionalmente con cosas y con gente que creemos necesitar para ser felices. Sentimos que hay algo que "falta" en nuestro interior, entonces nos ponemos tensos, ansiosos y nos estresamos, tratando continuamente de rellenar la brecha, de manipular el mundo exterior para lograr lo que queremos.

Esa es la condición desde la que mucha gente fija sus objetivos y trata de crear lo que quiere en la vida, y, desafortunadamente, desde ese nivel de conciencia no se logra nada... o nos ponemos tantos obstáculos que finalmente no podemos lograr nada, o logramos alcanzar nuestros objetivos pero vemos que no nos proporcionan la felicidad interior.

Es en el momento en el que notamos este

dilema que comenzamos a abrirnos hacia una senda espiritual. Nos damos cuenta de que tiene que haber algo más en la vida, y empezamos a buscarlo.

Podemos pasar por distintas experiencias y procesos en nuestra búsqueda, pero finalmente nos restituimos a nosotros mismos. Es decir, retornamos a una experiencia de nuestro verdadero yo, la naturaleza de Dios o la mente universal que está en nuestro interior. A través de esta experiencia se nos restituye toda la capacidad espiritual; el vacío interior se llena desde adentro, y nos convertimos en seres radiantes, compartiendo la luz y el amor que provienen de nuestro interior con quienes nos rodean.

Este proceso es conocido como "iluminación", y creo que es una evolución permanente de cada individuo, que no puede completarse hasta que no la compartamos con todos nuestros congéneres. Por lo tanto, todos somos igualmente responsables de nuestra propia iluminación y de la iluminación de todos los seres en nuestro planeta...

Ahora retornemos a nuestra supuesta paradoja.

Cuando volvemos de un estado de vacío, codicia y manipulación, la primera lección, y la más importante, es simplemente *soltarnos*. Consiste en relajarnos, en dejar de pelearnos, de esforzarnos tanto, en dejar de manipular cosas y personas para intentar obtener lo que queremos y necesitamos: en dejar de hacer tanto, y por un momento, tener la experiencia de *ser* simplemente.

Cuando hacemos esto, de repente descubrimos que estamos muy bien, en realidad nos sentimos maravillosos, simplemente dejándonos ser, y dejando al mundo ser, sin tratar de cambiar nada. Esta es la experiencia básica de ser aquí y ahora, y es lo que la filosofía budista llama "soltar las ataduras". Es una experiencia muy liberadora, y la base de cualquier senda de autoconocimiento.

Cuando hayamos hecho esta experiencia con mayor frecuencia, abriremos el canal hacia nuestro yo superior, y una gran cantidad de energía creativa natural comenzará a fluir a través de nosotros en cualquier momento. Comenzaremos a ver que nosotros mismos creamos nuestra propia vida y todo lo que nos pasa, y nos interesaremos en crear más experiencias gratificantes para nosotros y para los otros. Comenzaremos a querer concentrar nuestra energía en objetivos más profundos y satisfactorios. Notaremos que la vida es básicamente buena, abundante y divertida, y que tener lo que queremos, sin luchar ni realizar esfuerzos extremos, es parte natural de nuestros derechos por el hecho de estar vivos. En ese momento, la visualización creativa puede convertirse en una herramienta importante.

La siguiente metáfora nos aclarará los conceptos:

Imaginemos que la vida es un río. Hay muchas personas apretadas en la orilla, con temor a soltarse y a que la corriente del río las lleve. En determinado momento, cada persona querrá soltarse y confiar en que el río le ofrezca la salvación. En este punto aprende a "dejarse fluir", y es maravilloso.

Una vez que esa persona se acostumbra a dejarse fluir en el río, puede empezar a mirar hacia adelante y a guiar su propio camino de allí en más; puede decidir cuál es el mejor lugar, evitar rocas y troncos, y elegir cuáles de los tantos canales y brazos del río prefiere seguir, mientras todavía "se deja fluir".

Esta analogía nos muestra cómo podemos disfrutar el aquí y ahora, dejándonos fluir con lo que es, y al mismo tiempo guiándonos conscientemente hacia nuestros objetivos al tomar la responsabilidad de crear nuestras propias vidas.

También debemos recordar que la visualización creativa es una herramienta que puede utilizarse para cualquier propósito, incluyendo el crecimiento de nuestra propia conciencia. Resulta muy beneficioso utilizar la visualización creativa para vernos a nosotros mismos como personas más tranquilas y abiertas, fluyentes, viviendo en el aquí y ahora, y siempre conectadas con nuestra esencia interior.

Seamos bendecidos
con todo lo que
desea nuestro corazón

Segunda Parte

Cómo Usar la Visualización Creativa

Pidan y se les dará,
busquen y encontrarán,
llamen y les abrirán;

porque todo el que pide recibe,
el que busca encuentra
y al que llama le abren.

San Mateo 7:7-8

La Visualización Creativa como Parte de Nuestra Vida

Como pudimos observar en la primera parte, la técnica básica de visualización creativa no es difícil.

Lo importante es aprender a utilizarla para llegar a obtener resultados... para que nos ayude a realizar cambios positivos en la vida. A fin de utilizar la visualización creativa de manera eficaz, necesitamos comprender ciertos conceptos y aprender algunas otras técnicas.

Lo más importante es recordar que tendremos que utilizar la visualización creativa con frecuencia, incorporarla como parte de nuestra vida. Resulta útil dedicarle a la práctica unos minutos por día, especialmente en los primeros tiempos.

Yo sugiero establecer un período regular de

meditación y visualización creativa de unos quince minutos cada mañana al despertarnos y cada noche antes de dormirnos (son los mejores momentos),así como también al mediodía, si tenemos la posibilidad de hacerlo. Los períodos de meditación deben comenzar siempre con una relajación profunda, seguida de visualizaciones o afirmaciones.

Hay muchas maneras posibles de utilizar la visualización creativa, y depende de nosotros que las ejercitemos en los momentos indicados. Podemos considerar que la visualización creativa es una nueva manera de pensar, o una nueva manera de vivir, por lo que requiere de cierta práctica.

Tendremos que ejercitarla en situaciones y circunstancias diferentes, y ponerla en práctica para resolver cualquier tipo de problema. Si estamos preocupados por algo, o nos sentimos abatidos o frustrados por un problema, pensemos de qué manera puede ayudarnos la visualización creativa. Incorporemos el hábito creativo de utilizarla en todo momento apropiado.

No debemos desanimarnos si no logramos un resultado *inmediato* con la visualización creativa. Recordemos que la mayoría de nosotros carga con el peso de muchos años de matrices negativas de pensamiento. Lleva cierto tiempo cambiar los hábitos de toda la vida. Y muchos tenemos formas implícitas de sentir y de actuar que pueden retardar los esfuerzos que hagamos por vivir con plena conciencia.

Afortunadamente, la visualización creativa es un proceso tan eficaz por naturaleza que con sólo cinco minutos de meditación consciente y positiva se pueden compensar horas, días, e incluso años, de matrices negativas.

Por lo tanto, tenemos que ser pacientes. Nos llevó toda una vida crear nuestro mundo tal como es hoy. Seguramente no va a cambiar de manera instantánea (aunque algunas veces ocurre así). Con perseverancia y un conocimiento adecuado del proceso nos parecerá que logramos crear milagros en nuestra vida.

Las dos cosas que me parecieron más importantes en mi proceso de crecimiento con la visualización creativa son:

1. Leer regularmente libros edificantes que ayuden a mantener el contacto con los propios ideales y con las aspiraciones más profundas. Siempre tengo un libro junto a mi cama, y leo una o dos páginas por día.

2. Tener un amigo o un grupo de amigos que estén interesados en aprender a vivir más conscientemente y que apoyen nuestros esfuerzos. Una buena forma de obtener este tipo de apoyo, así como de brindarlo, es concurrir a clases o talleres de control mental.

En los próximos capítulos les daré distintas

técnicas, ideas, ejercitaciones y meditaciones. Elijan la que consideren adecuada y la que crean que les sirve. Hay muchos niveles y aproximaciones al proceso de visualización creativa; he tratado de incluir una amplia variedad de prácticas posibles. En determinada situación, una práctica puede ser adecuada y otra no. Observen el fluir de sus energías y utilicen las prácticas por las que se sientan atraídos.

Por ejemplo, en cierta situación queremos intentar hacer afirmaciones y notamos que no podemos, o nos parece que no logramos nada. En ese caso podemos intentar un proceso de depuración, o conectarnos con nuestro yo superior o guía espiritual y preguntarle qué hacer.

Lo que una vez nos da resultado puede no servir en otra oportunidad. Lo que sirve para una persona puede no servir para otra. Confiemos siempre en nosotros mismos y en nuestros impulsos interiores.

Si sentimos que nos obligamos, nos apuramos, nos esforzamos, nos cansamos, es mejor no seguir.

Si la sensación nos resulta positiva, tranquilizadora, fortalecedora e inspiradora, continuemos.

Ser, Hacer y Tener

Podemos decir que la vida tiene tres niveles, a los que podemos denominar: "nivel del ser", "nivel del hacer", y "nivel del tener".

El nivel del ser es la experiencia básica de estar vivos y conscientes. Es la experiencia que tenemos en la meditación profunda, la experiencia de ser totalmente completos y de estar en paz con nosotros mismos.

El nivel del hacer es de movimiento y actividad; emana de la energía creativa natural que fluye dentro de todo ser viviente y es la fuente de nuestra vitalidad.

El nivel del tener es estar en relación con otras personas y cosas del universo. Es la capacidad de permitir y aceptar cosas y personas en nuestra vida; de compartir con ellas el mismo espacio.

Estos tres niveles de ser, hacer, tener, son como un triángulo en el que cada lado sostiene a los otros:

SER

HACER　　　　　　　TENER

No están en conflicto entre sí.
Todos existen simultáneamente.

Por lo general intentamos vivir al revés: tratamos de tener más cosas, o más dinero, para poder hacer más de lo que nos gusta, con el fin de ser más felices.

En realidad, todo sucede a la inversa: primero debemos ser como realmente somos, luego hacer lo que necesitemos, para tener lo que deseamos.

El propósito de la visualización creativa es:
Conectarnos con nuestro estado de ser.
Ayudarnos a focalizar y a facilitar nuestro estado de hacer.
Aumentar y expandir nuestro estado de tener.

Tres Elementos Necesarios

Hay tres elementos en nuestro interior que determinarán el grado de eficacia de la visualización creativa en cualquier situación:

1. *Deseo*: debemos tener el deseo real de tener o de crear lo que elegimos visualizar. Deseo no significa adicción o codicia, sino una profunda determinación. Tendremos que preguntarnos: "¿Deseo verdaderamente, de todo corazón, que este objetivo se haga realidad?".

2. *Convicción*: cuanto más convencidos estemos del objetivo elegido y de la posibilidad de conseguirlo, tanto más seguros estaremos de lograrlo. Tendremos que preguntarnos: "¿Estoy convencido de que este objetivo puede realizarse?", y "¿Estoy convencido de poder lograrlo?".

3. *Aceptación*: debemos estar dispuestos a

aceptar y a tener lo que estamos buscando. Muchas veces buscamos objetivos, pero en realidad no queremos conseguirlos; nos sentimos cómodos en el proceso de búsqueda. Tendremos que preguntarnos: "¿Realmente quiero tener esto?".

La suma total de estos tres elementos es lo que se denomina "intención". Cuando tenemos intención total de crear algo, es decir, cuando lo deseamos profundamente, cuando estamos totalmente convencidos de poder hacerlo y de que realmente aceptamos tenerlo, no puede dejar de manifestarse. Y por lo general ocurre en muy poco tiempo.

Cuanto más clara y decidida sea nuestra intención, más rápida y fácilmente funcionará la visualización creativa. Nos conviene preguntarnos siempre sobre la condición de nuestra intención. Si es débil o incierta, podemos darle fuerza con la siguiente afirmación:

Tengo la intención total de crear esto
¡aquí y ahora!

Contacto con Nuestro Yo Superior

Uno de los pasos más importantes para hacer que la visualización creativa opere eficazmente y nos permita lograr nuestros objetivos, es experimentar la sensación de venir de la "fuente".

Fuente es la cantidad infinita de amor, sabiduría y energía del universo. Para nosotros, fuente puede ser Dios, o la mente universal, o la unidad de todo, o nuestra propia esencia. No importa cómo lo conceptualicemos, podemos encontrarla aquí y ahora en cada uno de nosotros, en nuestro interior más profundo.

Me gusta pensar en contactarnos con la fuente como idea de conectarnos con nuestro yo superior, con la parte de Dios que vive en nosotros. El estar en contacto con nuestro yo superior se caracteriza por un profundo sentido de prudencia y convicción, de capacidad, amor y sabiduría. Sabemos que estamos creando nuestro propio mundo y que tenemos capacidad infinita para crearlo perfectamente.

Todos tuvimos experiencias de conexión con nuestro yo superior, aunque quizás no lo hayamos conceptualizado así. Sentirnos excepcionalmente profundos, claros, fuertes, "en la cima del mundo", o "capaces de mover montañas", son indicios de estar conectados con nuestro yo superior; tal es la experiencia de "enamorarse"... cuando sentimos que nosotros y el mundo todo es espléndido, porque el amor por otro ser humano hace que nos manifestemos como nuestro yo superior.

Cuando tomemos conciencia de la experiencia de nuestro yo superior, nos parecerá que es una sensación que va y viene un tanto esporádicamente. En un momento nos sentiremos fuertes, claros y creativos; al instante siguiente quizás nos asalten la confusión y la inseguridad. Esto parece ser parte natural del proceso. Una vez que tomemos conciencia de nuestro yo superior podremos llamarlo cada vez que lo necesitemos, y gradualmente iremos notando que está con nosotros durante más tiempo.

La conexión entre nuestra personalidad y nuestro yo superior es un canal de dos vías, y es importante que la energía fluya en ambas direcciones.

Receptiva: cuando aquietamos nuestra personalidad durante la meditación y nos colocamos en el estado de ser, abrimos el canal para que la sabiduría superior ingrese en nosotros por medio de nuestra mente intuitiva. Podemos formular preguntas y esperar que las respuestas nos lleguen a través de palabras, imágenes mentales o impresiones sensitivas.

Activa: cuando nos experimentamos como los creadores de nuestro universo, elegimos lo que deseamos crear y canalizamos la cantidad infinita de energía, poder y sabiduría de nuestro yo superior en la manifestación de nuestras elecciones, a través de la visualización y afirmación activa.

Cuando el canal fluye libremente en ambas direcciones, significa que somos constantemente guiados por nuestra sabiduría superior, y, basándonos en esa guía, elegimos y creamos nuestro mundo de la manera más profunda y mejor.

Casi todas las formas de meditación pueden llevarnos a tener una experiencia de nosotros mismos como fuente, o como yo superior. Si no sabemos exactamente qué es esta experiencia, no debemos preocuparnos. Sólo hay que continuar practicando la relajación, la visualización y la afirmación.

Finalmente comenzaremos a experimentar en ciertos momentos de la meditación una especie de "click" en nuestra conciencia, y sentiremos que las cosas van bien. Incluso podremos percibir que fluye en nosotros una gran cantidad de energía, o sentir un resplandor intenso y cálido en nuestro cuerpo.

El siguiente ejercicio de visualización creativa nos ayudará a ponernos en armonía con esas sensaciones. Podemos realizar este ejercicio en forma regular, al comienzo de los períodos de meditación:

Nos vamos a sentar o acostar en una posición cómoda. Ahora vamos a relajarnos completamente... dejemos que las tensiones abandonen nuestro cuerpo y nuestra mente... respiremos pausada y profundamente... que la relajación sea cada vez más profunda.

Visualicemos una luz intensamente radiante y cálida en nuestro corazón. Dejemos que se expanda y crezca... que brille fuera de nosotros, cada vez más lejos, hasta vernos como un sol dorado, irradiando amor y energía en todos y en todo lo que nos rodea.

Silenciosamente y con convicción, digamos para nosotros mismos:

"Luz divina y amor divino fluyen a través de mí, e irradian desde mí hacia el resto de las cosas."

Vamos a repetir esto una y otra vez hasta que nos invada una fuerte sensación de nuestra propia energía espiritual. También podemos uti-

lizar otras afirmaciones de nuestra propia capacidad creativa, tales como:

Dios está obrando ahora a través de mí.

o

Estoy colmado de luz divina y de energía creativa.

o

La luz en mi interior obra milagros en mi vida, aquí y ahora.

o cualquier otra frase que signifique algo y que nos infunda energía.

Dejarse Fluir

La única manera de utilizar la visualización creativa eficazmente es con el espíritu del Tao: "dejarse fluir". Esto significa que no tenemos que "esforzarnos" por llegar adonde queremos ir; simplemente debemos plantearle al universo con claridad a dónde queremos llegar, y luego, con paciencia y armonía, seguir el fluir del río de la vida hasta que nos lleve a ese lugar. El río de la vida muchas veces desvía su curso hacia nuestro objetivo. Incluso puede parecer que toma una dirección completamente diferente, pero con el transcurso del tiempo veremos que es una forma más fácil y armoniosa de llegar que a través de forcejeos y luchas.

Dejarse fluir significa aferrarnos a nuestros objetivos levemente (aunque parezcan muy importantes), y estar dispuestos a cambiarlos si aparece algo más apropiado y satisfactorio. Es el equilibrio entre tener nuestra meta claramente en cuenta —y además disfrutar de los escenarios agradables que encontremos en el camino— y estar dispuestos a cambiar nuestra meta si la vida comienza a llevarnos por un camino diferente. En pocas palabras, significa ser firmes pero flexibles.

Si tenemos emociones fuertes comprometidas en obtener el objetivo (es decir, si es que nos sentiremos desdichados si no lo logramos), tenderemos a trabajar en contra de nosotros mismos. En el temor de no lograr lo que queremos estamos energizando la idea de no lograrlo, tanto o más de lo que energizamos el objetivo mismo.

Si nos sentimos muy ligados emocionalmente a un objetivo quizás sea más apropiado trabajar primero en lo que sentimos al respecto. Tendremos que considerar en profundidad nuestros temores acerca de no conseguir el objetivo, y hacer afirmaciones que nos ayuden a sentirnos más seguros, o a enfrentar esos temores.

Por ejemplo:

El universo se desarrolla a la perfección.

No tengo que aferrarme.

Puedo relajarme y seguir.

Puedo dejarme fluir.

*Siempre tengo todo lo que necesito para disfru-
tar mi aquí y ahora.*

Tengo en mi corazón todo el amor que necesito.

Soy una persona amable y amorosa.

Soy completo en mí mismo.

El amor divino me guía y se encarga de mí.

El universo es mi sostén.

Podemos utilizar los procesos de depuración que figuran en los próximos capítulos. Y
vuelvo a insistir en la lista de libros recomen-
dados que pueden ofrecernos ayuda y esclare-
cimiento.

Por supuesto que no hay ningún problema
en visualizar creativamente algo a lo que estemos muy apegados, y por lo general funciona
perfectamente. Pero si no ocurriera así, debemos sospechar que nuestro propio conflicto interno está emitiendo mensajes conflictivos. En
este caso, es importante relajarnos y aceptar
nuestros sentimientos, aceptar la probabilidad

de no lograr el objetivo de inmediato, y entender que la resolución del conflicto puede ser un punto importante de crecimiento personal y una buena oportunidad para observar más en profundidad nuestras actitudes en la vida.

Si en algún momento de la visualización creativa sentimos que nos estamos esforzando o forzando algo que no ocurre, tendremos que volver atrás y preguntarle a nuestro yo superior si realmente es eso lo mejor para nosotros, o si lo deseamos verdaderamente. Quizás el universo esté intentando mostrarnos algo mejor, que nosotros ni siquiera hemos considerado.

Programación de la Prosperidad

Una parte muy importante de todo el proceso de visualización creativa es la programación de la prosperidad. Esto significa comprender que el universo es totalmente abundante... es una cornucopia de todo lo que nuestro corazón pueda desear, tanto en el plano material como en el emocional, así como en los planos mental y espiritual. Todo lo que deseamos o queremos está aquí para quien lo pida; sólo hace falta creer que es así, para desearlo verdaderamente, y estar dispuestos a aceptarlo, a fin de tener todo lo que deseamos.

Una de las causas más comunes que no nos permiten lograr la obtención de lo que queremos es la "programación para la escasez". Se trata de una actitud o un conjunto de convicciones sobre la vida que funciona más o menos de este modo:

No hay mucho que investigar...
La vida es sufrimiento...
Es inmoral o egoísta tener tanto cuando
otros no tienen lo suficiente...
La vida es dura, difícil, un valle de
lágrimas...
Hay que trabajar muchísimo y
sacrificarse por todo lo que se
gane...
Ser pobre es más noble y espiritual...

y podríamos seguir y seguir.

Estas son ideas falsas, basadas en que no se comprende el funcionamiento del universo, o en una mala interpretación de ciertos principios espirituales importantes. Estas ideas no son de ninguna utilidad para nosotros ni para nadie, lo único que hacen es impedir que cada uno de nosotros logre su estado natural de prosperidad y abundancia en todos los niveles.

La realidad es que hay más que suficiente para que investigue cada ser humano del planeta, si abrimos nuestra mente a esa posibilidad. El universo es un lugar de gran abundancia y nosotros somos prósperos por naturaleza, tanto en riqueza material como espiritual. Quienes no experimentan su mundo como rico y abundante, en algún nivel adhieren al programa de escasez antes que al de abundancia. A través de la ignorancia han incorporado la creencia popular sobre la inevitabilidad de la pobreza y del sufrimiento, y todavía no se han dado cuenta de que el poder fundamental de la creación descansa en las manos (o mejor dicho, en la mente) de cada uno de nosotros.

La verdad es que esta tierra es un lugar infinitamente bueno, hermoso y sustancioso para vivir. Lo único "malo" viene de la falta de comprensión de esta verdad. Lo malo (la ignorancia) es como una sombra: no tiene materia propia, es sólo falta de luz. No podemos hacer que una sombra desaparezca luchando contra ella, aplastándola, empujándola, ni aplicándole ninguna otra forma de resistencia emocional o física. Para hacer que una sombra desaparezca, hay que darle luz.

Consideremos profundamente los fundamentos de nuestras creencias y veamos si no estamos limitándonos por no creer lo suficiente en el bien universal. ¿Podemos realmente imaginarnos como personas exitosas, satisfechas, prósperas y completas? ¿Podemos realmente abrir nuestros ojos a la bondad, a la belleza y a la abundancia que nos rodean? ¿Podemos imaginarnos este mundo convertido en un lugar feliz, próspero e iluminado, en donde todos podamos florecer?

A menos que formemos un contexto en donde el mundo sea un buen lugar para vivir, y que funcione potencialmente para todos, experimentaremos dificultades para crear lo que queremos en nuestra vida personal.

Esto es así porque la naturaleza humana está formada básicamente por amor, y por eso la mayoría de nosotros no nos permitiremos tener lo que queremos mientras pensemos que podemos estar impidiendo que otros tengan lo que quieren.

Con buen humor, intentemos realizar este ejercicio, para estimular nuestra imaginación y expandir nuestra capacidad de "tenerlo todo":

Meditación de la cornucopia

Vamos a relajarnos totalmente en una posición cómoda.

Ahora vamos a imaginarnos en un lugar natural precioso, como en una gran pradera verde con un hermoso arroyito, o junto al mar en una playa de arenas blancas. Dediquemos cierto tiempo a imaginar todos los detalles, y a vernos allí disfrutando y apreciando todo. Ahora comenzamos a caminar, y pronto nos encontramos en un escenario totalmente distinto, como en un campo de ondulantes granos dorados, o nadando en un lago. Sigamos vagando y explorando, encontrando lugares cada vez más exquisitos... montañas, bosques, desiertos, lo que nos indique nuestra fantasía. Dediquemos unos minutos a apreciar cada lugar...

Imaginemos que nos dirigimos en bote a un paraíso tropical, de árboles con frutas exóticas. Ahora llegamos a un inmenso castillo, donde nos reciben con una gran fiesta, música y baile; luego nos llevan a la habitación de los tesoros, donde nos regalan joyas exquisitas, metales preciosos y vestidos espléndidos, más de los que llegaremos a usar. Pongamos a funcionar nuestra imaginación y nos veremos paseando por el mundo, encontrando todo lo que siempre quisimos, y en mayor cantidad de lo que siempre deseamos.

Imaginemos el mundo como un paraíso magnífico, donde todas las personas que encontramos experimentan la misma completud y abundancia que nosotros.

Vamos a disfrutar de esto completamente. Podemos viajar a otros planetas y encontrar allí también cosas maravillosas. ¡Hay posibilidades infinitas! Finalmente, vamos a volver a casa, felices y contentos, y a pensar que el universo es realmente un lugar de increíbles maravillas y de abundancia.

Afirmaciones:

El universo es rico y hay suficiente para todos.

La abundancia es mi estado natural de ser.
Estoy dispuesto a aceptarla plenamente y con alegría.
Dios es la fuente ilimitada de todo lo que me corresponde.
Merezco ser próspero y feliz. ¡Ahora soy próspero y feliz!
Cuanto más prospero, más tengo para compartir con todos.
¡El universo es todo abundancia!
Estoy dispuesto a aceptar toda la alegría y la prosperidad que tiene la vida para ofrecerme.
Me hago responsable de crear el mundo como un lugar de felicidad y abundancia para todos.
Estoy consiguiendo logros económicos fácilmente y sin esfuerzos.
¡Ahora gozo de una gran prosperidad económica!
¡La vida es alegría, y ahora quiero disfrutarla!
Infinitas riquezas fluyen libremente a mi vida.
Soy rico en espíritu y en materialización.
Ahora tengo dinero más que suficiente para mi uso personal.
Estoy satisfecho con mis ingresos de $..... por mes.
Cada día tengo más prosperidad económica.
Soy rico, estoy bien y soy feliz.

Aceptemos Nuestra Bondad

Si vamos a utilizar la visualización creativa para crear lo que queremos en la vida, debemos estar dispuestos a aceptar lo mejor que la vida tiene para darnos: nuestra "bondad".

Aunque parezca extraño, muchos tenemos dificultades para aceptar la posibilidad de tener lo que queremos en la vida. Esto proviene generalmente de ciertos sentimientos básicos de desvalorización que asumimos a una edad muy temprana. La idea básica es más o menos así: "No soy en realidad una buena persona (amable, valorable), por lo que no merezco tener lo mejor".

A esta idea suele mezclarse muchas veces la sensación contradictoria de que somos realmente buenos y merecedores. Entonces, si notamos que tenemos dificultades para imaginarnos a nosotros mismos en la más maravillosa de las circunstancias, o que nos asaltan pensamientos como: "Nunca podré tener eso", o "A mí jamás me va a pasar esto", nos conviene reflexionar acerca de nuestra propia imagen.

Nuestra propia imagen es la forma en que nos vemos y nos sentimos con nosotros mismos; forma que suele ser compleja y multifacética. Para ponernos en contacto con aspectos diferentes de nuestra propia imagen, podemos preguntarnos: "¿Cómo me siento conmigo ahora mismo?", en distintos momentos del día y en situaciones diferentes. Vayamos notando qué tipo de ideas o imágenes de nosotros mismos nos vienen a la mente en distintos momentos.

Algo que resulta muy interesante es ponernos en contacto con nuestras imágenes físicas mediante la siguiente pregunta: "¿Cómo me veo en este momento?". Si nos vemos desgarbados, feos, gordos, flacos, demasiado grandes, demasiado pequeños, o como fuera, significa que no nos estamos queriendo lo suficiente como para darnos lo que realmente merecemos: lo mejor.

Me resulta asombroso descubrir cuántas personas naturalmente bellas y atractivas piensan que son feas, que no tienen mérito alguno y que no merecen nada.

Las afirmaciones y la visualización creativa son herramientas maravillosas para crear una imagen propia positiva y deseable. En cuanto descubramos qué es lo que no nos gusta de nosotros mismos, aprovechemos cada oportunidad para decirnos cosas positivas y estimulantes. Cuando nos tratemos duramente, comenzaremos conscientemente a ser más amables y apreciativos. Veremos que esto nos conduce de inmediato a ser más amables con los otros también.

Pensemos en cualidades específicas que apreciamos en nosotros. Así como podemos querer a un buen amigo sin por eso dejar de notar sus errores o defectos, podemos querernos a nosotros mismos por todo lo que realmente somos, y pensar que tenemos que crecer y desarrollarnos en ciertos aspectos. Esto nos hará muy bien y puede obrar maravillas en nuestras vidas.

Comencemos a decirnos:

Soy hermoso/a y adorable.
Soy bondadoso/a y amable, y tengo
     mucho para compartir con los
     demás.
Tengo talento, inteligencia, y creatividad.
Mis atractivos aumentan cada día.
Merezco lo mejor de la vida.
Tengo mucho para ofrecer y todos lo
     reconocen así.
Amo al mundo y el mundo me ama.
Deseo que mi vida se vea colmada de
     felicidad y prosperidad.

o las palabras que nos parezcan apropiadas y estimulantes.

Muchas veces resulta mejor hacer este tipo de afirmaciones en segunda persona, usando nuestro propio nombre:

"Susana, eres una mujer brillante e interesante. Me gustas mucho", o

"Juan, eres tan cálido y adorable. Todos aprecian que seas así".

Este modo de hablarnos directamente es especialmente eficaz debido a que gran parte de nuestra propia imagen negativa proviene de nuestra niñez, cuando nos decían de distintas maneras que éramos malos, estúpidos, o inútiles.

Tratemos de ver nuestra imagen con toda la claridad posible, y pensemos en brindarnos amor, igual que lo brindaríamos a un ser querido. Podemos pensarlo como los padres que llevamos dentro brindándole amor al hijo que llevamos dentro. De esta manera:

"Te quiero. Eres una persona maravillosa. Admiro tu sensibilidad y honestidad."

La visualización creativa es una herramienta importante para trabajar en problemas físicos. Por ejemplo, si nos sentimos demasiado gordos, debemos trabajar en dos cosas simultáneamente:

1. A través de afirmaciones y de energía positiva, comenzar a querernos y apreciarnos más así como somos.

2. A través de visualización creativa y afirmaciones, comenzar a crearnos como queremos ser: delgados, elegantes, saludables y felices. Estas son técnicas eficaces que nos permiten lograr cambios reales.

Las mismas técnicas pueden aplicarse para trabajar en cualquier "problema" relacionado con nuestra propia imagen.

Recordemos que somos personas nuevas en cada nuevo momento. Cada día es un nuevo día, y cada día es una oportunidad para comprender que realmente somos personas maravillosas y adorables...

Además de mejorar nuestra propia imagen, conviene hacer afirmaciones para aceptar las bondades del universo y abrirnos a ellas.

Por ejemplo:

Estoy dispuesto a recibir las bendiciones de este universo abundante.

Todo lo bueno llega a mí fácilmente y sin esfuerzos (en "todo lo bueno" podemos poner cualquier palabra; por ejemplo amor, prosperidad, creatividad, una relación perfecta).

Acepto mi bondad, que fluye hacia mí aquí y ahora.

Merezco lo mejor y lo mejor está viniendo hacia mí.

Cuanto más recibo, más tengo para dar.

Podemos realizar la siguiente meditación para mejorar nuestra propia estima e incrementar nuestra capacidad de manejar el amor y la energía que el universo desea hacer fluir hacia nosotros:

Meditación para nuestra propia valoración

Vamos a imaginarnos en una situación cotidiana. Hay personas (pueden ser conocidas o no) que nos miran con gran amor y admiración, y que nos hablan de algo que realmente les gusta de nosotros. Ahora veamos a otro grupo de personas que llega y conviene en que somos maravillosos. (Si esto nos incomoda, sigamos adelante.) Imaginemos que llega más y más gente y que nos observan con gran amor y respeto. Ahora estamos en una pasarela, o en un escenario, y hay multitudes que festejan y nos aplauden; todos nos aman y nos aprecian. Dejemos que los aplausos resuenen en nuestros oídos. Nos paramos y hacemos una reverencia, como agradecimiento a todo el apoyo y aprecio.

Algunas afirmaciones para nuestra propia valoración:

Me quiero y me acepto tal como soy.
No tengo que tratar de gustarle a nadie más.
Me gusto a mí mismo y eso es lo que importa.
Soy muy agradable conmigo mismo en

presencia de otras personas.
Me expreso fácilmente, con libertad.
Soy un ser fuerte, adorable, y creativo

Irradiaciones

Otro principio básico es el de dar, o "irradiar". El universo está formado por energía pura, cuya esencia es moverse y fluir. La esencia de la vida es de cambio constante, de pepetuo fluir. Cuando comprendemos esto nos ponemos en armonía con su ritmo, y somos capaces de dar y recibir libremente, sabiendo que en realidad nunca perdemos nada, sino que siempre ganamos.

Cuando aprendemos a aceptar las bondades del universo, naturalmente también queremos compartirlas, ya que en la medida en que entregamos nuestra energía dejamos lugar para que más energía fluya hacia nosotros.

Cuando tratamos de aferrarnos a lo que tenemos por medio de inseguridades (temores) y de la idea "no hay suficiente", empezamos a cortar este maravilloso flujo de energía. Al aferrarnos a lo que tenemos impedimos el movimiento de la energía y no dejamos lugar para recibir nueva energía.

La energía toma muchas formas, tales como amor, afecto, amistad, aprecio y reconocimiento, posesiones materiales, dinero, etc., y los principios se aplican por igual a todas estas formas.

Si miramos a las personas infelices que nos rodean, veremos que por lo general se trata de personas que de algún modo tienen un sentimiento "escaso", por lo que adoptan una posición muy mezquina hacia la vida. Sienten que la vida en general y que otras personas en particular no les dan lo que necesitan. Es como si le estuvieran oprimiendo el cuello a la vida, tratando desesperadamente de exprimir el amor y la satisfacción que anhelan, pero lo único que hacen es obstruir el paso. Y muchos de nosotros tenemos algo de esa tendencia.

Cuando en nuestro interior encontramos ese lugar de nosotros para dar, comenzamos a revertir el flujo. El dar no ocurre desde un espacio de sacrificio o abnegación, ni desde una idea de espiritualidad, sino desde el simple placer de dar, porque hace bien. Puede provenir únicamente de un espacio pleno de amor.

Tenemos una cantidad infinita de amor y felicidad en nuestro interior. Estamos acostumbrados a pensar que debemos obtener algo externo a nosotros para ser felices, pero en realidad sucede a la inversa: debemos aprender a contactarnos con nuestra fuente interior de felicidad y satisfacción y permitir que fluya hacia afuera, hacia los demás, no porque hacer algo así sea virtuoso, sino porque nos hace sentir muy bien. Cuando entramos en armonía con esa sensación queremos compartirla naturalmente, porque es la esencia natural del amor, y todos somos seres de amor.

Al irradiar nuestra energía de amor dejamos lugar para que más energía fluya hacia nosotros. Pronto descubrimos que este proceso nos hace sentir tan bien que queremos hacerlo más y más. Y cuanto más compartamos, más vamos a obtener del mundo, debido al principio de flujo y reflujo. (La naturaleza detesta el vacío, por lo que al irradiar, al fluir hacia afuera, creamos un espacio en el que debe ingresar algo, fluir hacia adentro.) El hecho de dar se transforma en su propia recompensa.

Cuando comprendamos y vivamos esto plenamente, habremos manifestado nuestra naturaleza innata de amor.

Por esto es que en el uso de la visualización creativa veremos que, cuanto más pronunciada sea nuestra orientación a "dar" en la vida, tanto más fácil nos será cumplir nuestros sueños... pero debemos recordar siempre que no podremos continuar a menos que estemos igualmente dispuestos a recibir... y que "dar" también significa darnos a nosotros mismos.

Cuando se trata de irradiaciones, nada mejor que la práctica. Debemos practicar para experimentar las buenas sensaciones que nos produce. Estos son algunos ejercicios de irradiación que podemos intentar si necesitamos expandirnos en este terreno:

1. *Hagamos hincapié en expresar más aprecio por los otros de todas las maneras posibles. Podemos sentarnos bien erguidos y hacer una lista de las personas a quienes nos gustaría irradiar amor y aprecio, y pensar que la semana que viene vamos a dedicarnos a cada uno de ellos. La irradiación puede tomar la forma de palabras tiernas, un regalo, un llamado telefónico o una carta, dinero, o compartir con esa persona alguna de nuestras habilidades que la hagan sentir bien. Elijamos algo que a nosotros también nos haga sentir bien, incluso si nos resulta un poco más difícil.*

Intentemos decirle a alguien palabras de agradecimiento, aprecio y admiración cuando tengamos ganas de hacerlo. "Fuiste muy amable en ayudarme." "Quiero que sepas que realmente aprecio lo que hiciste." "Te brillaban los ojos con un hermoso resplandor cuando dijiste eso, y verte me hizo muy bien." (¡No tenemos por qué sentirnos incómodos!)

2. Hagamos un repaso de nuestras cosas.

Podemos regalarle a alguien lo que ya no nos interese tener o no usemos. El que lo reciba lo apreciará mucho.

3. Si somos de los que intentan gastar la menor cantidad de dinero posible y siempre estamos buscando baratijas, tratemos de gastar un poco de dinero cada día innecesariamente. Compremos el producto que cueste unos centavos más , no menos, démonos el lujo de gastar en algo extra, de pagarle un café a un amigo, de donar dinero para una causa justa, etc. Incluso una acción tan pequeña como ésta será una demostración visible de nuestra confianza en la abundancia que afirmamos. Las acciones hablan tanto como las palabras en este caso.

4. Podemos diezmar nuestros ingresos. El diezmo es la práctica de donar un porcentaje de nuestros ingresos a una iglesia, a una organización espiritual, o a cualquier grupo que a nuestro entender esté realizando una contribución importante al mundo. Es una manera de apoyar esa energía y , al mismo tiempo , de aceptar que todo lo que recibimos viene del universo (o de Dios) y que así le devolvemos una moneda a la fuente universal. No importa el porcentaje, con sólo donar el uno por ciento de nuestros ingresos estaremos experimentando la irradiación. Pero debemos asegurarnos de hacerlo regularmente.

5. Seamos creativos. Pensemos en otras formas de irradiar nuestra energía al universo para nuestro bienestar y el de los demás.

Curaciones

El proceso curativo

La visualización creativa es una de las herramientas más importantes que tenemos para crearnos un estado óptimo de salud y mantenerlo.

Uno de los principios básicos de la salud holística es que no podemos separar la salud física de los estados emocionales, mentales y espirituales. Todos los niveles están interconectados, por lo que un estado de "insalubridad" del cuerpo refleja siempre conflictos, tensiones, ansiedades o falta de armonía en otros niveles. Entonces, los trastornos físicos nos indican que inevitablemente debemos reflexionar sobre nuestros sentimientos emotivos e intuitivos, sobre nuestros pensamientos y actitudes, y que debemos ver qué podemos hacer para restaurar la armonía y el equilibrio general. Debemos prestar atención y "escuchar" al proceso interno.

La comunicación entre mente y cuerpo es constante. El cuerpo percibe el universo físico, sobre el que envía mensajes a la mente; la mente interpreta las percepciones de acuerdo con su propia experiencia anterior y con su mecanismo de suposiciones, y le indica al cuerpo que reaccione de determinada manera. *Si el mecanismo de suposiciones de la mente (a nivel consciente o inconsciente) dice que es apropiado o inevitable enfermarse en cierta situación, así se lo indicará al cuerpo, que obedientemente manifestará síntomas de enfermedad;* en realidad, se enfermará. Esto significa que todo el proceso está muy ligado a los conceptos e ideas más profundos que tenemos sobre nosotros mismos, sobre la vida y sobre la esencia de la enfermedad y la salud.

La visualización creativa se relaciona con el modo en que comunicamos la mente con el cuerpo. Es un proceso que nos permite formarnos imágenes y pensamientos mentalmente, de manera consciente o inconsciente, y luego transmitirlos al cuerpo como órdenes o señales.

La visualización creativa consciente es el proceso de crear imágenes y pensamientos positivos para comunicarnos con nuestro cuerpo, en lugar de crear conceptos negativos o constrictivos, literalmente "enfermizos".

Generalmente nos enfermamos porque a determinado nivel interior creemos que la enfermedad es una respuesta apropiada o inevitable en cierta situación o circunstancia, ya que de alguna manera asumimos la enfermedad como respuesta a nuestros problemas, como arma para lograr algo que necesitamos, o como solución desesperada a un conflicto irresuelto que ya no soportamos.

Estos son algunos ejemplos: la persona que se siente enferma porque estuvo "expuesta" a una enfermedad contagiosa (lo considera inevitable o muy probable); la persona que muere de la misma enfermedad que uno de sus padres o que algún otro miembro de su familia (subconscientemente se programó para seguir el mismo modelo); la persona que se enferma o tiene un accidente para faltar al trabajo (puede ser que haya algo a lo que teme enfrentarse en el trabajo, o que la única manera de permitirse la relajación y la quietud que necesita sea enfermándose); la persona que se enferma para conseguir amor y atención (un niño que actúe así para conseguir la atención de los padres); la persona que reprime sus sentimientos toda la vida y finalmente muere de cáncer (no puede resolver el conflicto entre la presión de las emociones acumuladas y la idea de que no le hace bien expresarse... entonces termina por matarse).

Mi intención con estos ejemplos no es restar importancia al problema que significa toda enfermedad. Como en todos los problemas, suelen verse involucrados muchos factores complejos. Lo que sí quiero es ilustrar el hecho de que la enfermedad es el resultado de nuestros conceptos y convicciones mentales, y que es también un intento de solucionar un problema que tenemos en nuestro interior. Si estamos dispuestos a reconocer y a cambiar nuestras convicciones más arraigadas, podremos solucionar nuestros problemas creativamente y eliminar la enfermedad.

El siguiente punto de vista nos permitirá crear una mentalidad positiva, fuerte, saludable y curativa:

Todos somos seres perfectos y espirituales en esencia. Cada uno de nosotros es una expresión de la mente universal o de la conciencia de Dios que llevamos en nuestro interior.

Como tales, nuestro derecho de nacimiento es tener salud, belleza, energía ilimitada, vitalidad y alegría por toda la vida.

En realidad no hay males ni limitaciones. Hay ignorancia o falta de comprensión sobre la naturaleza universal de lo bueno (o Dios), combinada con nuestra capacidad creativa infinita.

Las únicas limitaciones para tener salud, belleza, energía, vitalidad y alegría provienen de los bloqueos que nos creamos nosotros mis-

mos, de nuestra resistencia a las bondades de la vida, que se basan en temores e ignorancia.

Nuestros cuerpos son una simple expresión física de nuestra conciencia. Los conceptos que tenemos sobre nosotros mismos determinan nuestra salud y belleza, o la niegan. Los cambios profundos que realicemos en esos conceptos se verán reflejados enseguida en nuestra forma física. El cuerpo experimenta constantes cambios, se alimenta y vuelve a formarse a cada momento, y no tiene otro modelo que lo oriente más que la guía que recibe de la mente.

Cuanto mejor logremos alinear nuestra mente con nuestra realidad espiritual más profunda, tanto mejor expresarán nuestros cuerpos la perfección individual de cada uno de nosotros.

El beneficio lógico de adoptar este punto de vista es que tendremos una actitud más constructiva ante la enfermedad. En vez de pensar que la enfermedad es un desastre ineludible o una desgracia inevitable, pensemos que es un mensaje importante y útil. Cualquiera sea el sufrimiento físico que padezcamos, será un mensaje acerca de algo que debemos examinar en nuestra mente, algo que debemos reconocer, aceptar y cambiar.

Muchas veces el mensaje de enfermedad es que tenemos que tranquilizarnos y dedicar cierto tiempo a estar en contacto con nosotros mismos. La enfermedad nos fuerza a relajarnos, a olvidarnos de toda actividad y esfuerzo, y a entrar en un nivel de conciencia profundo y tranquilo, donde podemos recibir la energía nutritiva que necesitamos.

La recuperación llega siempre desde adentro. Cuando nos permitimos tener regularmente un contacto interior, ya no necesitamos enfermarnos para prestarle atención a nuestro yo interior.

Tanto las enfermedades cuanto los "accidentes" nos indican la necesidad de cambiar nuestros conceptos, o nos dan cuenta de cierto problema interno que necesitamos resolver. Debemos tranquilizarnos, escuchar a nuestra voz interior y preguntarle cuál es el mensaje, o qué es lo que debemos entender en esa situación. Quizás podamos lograrlo por nuestra cuenta, pero en algunos casos necesitaremos un consejero, un terapeuta, un amigo o un curador que nos ayude y nos apoye.

La visualización creativa es la herramienta perfecta para curarnos porque va directo a la fuente del problema: nuestros propios conceptos e imágenes mentales. Debemos comenzar a vernos a nosotros mismos y a afirmar que gozamos de una salud radiante; debemos ver nuestros problemas como totalmente curados. Pueden realizarse distintos acercamientos en diferentes niveles; necesitaremos encontrar el tipo de afirmaciones e imágenes que más nos convengan. Encontrarán mis sugerencias en la tercera parte de este libro, y otras posibilidades en la lista de lecturas recomendadas.*

Por supuesto, la "medicina preventiva" es siempre lo mejor... Si no tenemos problemas de salud, mucho mejor; simplemente vamos a afirmar y a visualizar que siempre permaneceremos saludables y vitales; de esa manera jamás deberemos preocuparnos por tener que utilizar el proceso de curación. Si estamos con problemas de salud, tendremos el consuelo de saber que cada día se obtienen curaciones "milagrosas", incluso para enfermedades muy graves, tales como cáncer, artritis o problemas del corazón, mediante el simple uso de distintas formas de visualización creativa.

En muchos casos, la visualización creativa es una terapia totalmente eficaz por sí misma. En otros casos, debido al mecanismo de convicciones de la persona (por ejemplo, le cuesta desprenderse del concepto sobre la necesidad que tenemos de algo externo a nosotros para poder recuperarnos), es necesario, además, aplicar otras formas de tratamiento. *Si en nuestro interior confiamos en alguna forma de terapia, ¡no dejemos de usarla!* Surtirá efecto si

---

* Recomiendo especialmente los libros de las grabaciones de Joel Goldsmith y *The Nature of Personal Reality*, de Jane Roberts. También los libros de Catherine Ponder y el curso de Control Mental Silva.

queremos y creemos que vamos a curarnos. Pero cualquiera sea el tratamiento que utilicemos, desde medicina convencional o cirugía, hasta terapias más holísticas, como acupuntura, yoga, masajes, dietas, etc., *la visualización creativa es siempre un complemento muy útil,* que podemos utilizar junto con cualquier otro tratamiento. La utilización consciente de la visualización creativa acelera y alivia asombrosamen te el proceso normal de curación.

Cómo ayudar a otros con las curaciones

Los mismos principios que se aplican para curarnos a nosotros mismos también sirven para curar a otros. La mentalidad curadora antes descripta es tan eficaz para curar a otros como para curarnos a nosotros mismos (y a veces más).

Esto se debe a la naturaleza única de la mente universal. Hay una parte de nuestra conciencia que está directamente relacionada con la misma parte de las conciencias de los demás. Ya que esa parte también es nuestro lazo con la omnipotencia y la omnisciencia divinas, *todos* tenemos un poder curador increíble que podemos revelar a voluntad.

Así como los conceptos que tenemos sobre nosotros mismos determinan nuestro estado de salud o de enfermedad, los conceptos que tenemos sobre los demás pueden ayudarlos a estar sanos o a enfermarse. Si un amigo sostiene un concepto que provocó su enfermedad, y nosotros aceptamos o creemos en ese concepto, estamos favoreciendo su mala salud, sin considerar nuestro deseo ferviente de que esa persona se restablezca. Por otro lado, si nosotros mantenemos un concepto mental firme sobre la salud y perfección de ese amigo, estaremos favoreciendo realmente su proceso de curación. Ni siquiera hace falta que la otra persona sepa lo que estamos haciendo; en realidad, muchas veces es mejor que no se de cuenta.

Es algo asombroso, pero el simple hecho de cambiar nuestros propios conceptos sobre otra persona, y de mantener y proyectar conscientemente una imagen de salud y de bienestar, puede provocar *curaciones instantáneas* en ciertos casos, y acelerar y aliviar el *proceso de curación* en muchos otros.

Yo fui educada en un ambiente científico y racional, y la capacidad de ayudar a otras personas mediante curaciones a distancia fue una de las cosas que más me costó entender y aceptar. Pero lo vi y lo experimenté muchísimas veces como para que me queden dudas acerca de su veracidad.

A través de mi experiencia, he notado que la mejor manera de trabajar en curaciones es imaginarse a uno mismo como un canal transparente para que la energía curadora, la energía espiritual del universo, fluya a través de nosotros hacia la persona que lo necesita. Pienso que mi yo superior envía energía al yo superior de la otra persona para ayudar a su curación. Al mismo tiempo, me imagino a esa persona como realmente es... un ser divino, una expresión de Dios hermosa y perfecta... naturalmente sana y feliz.

En la tercera parte figuran los métodos de curación que mejores resultados me dieron. Quiero animarlos a que intenten ejercitarlos y a que descubran los suyos.

Tercera Parte

Meditaciones y Afirmaciones

*Saldrán con bien tus proyectos,
y en tus caminos brillará la luz.*

JOB 22:28

Cómo Arraigarnos

y Energizarnos

Esta es una técnica muy simple de visualización, y es oportuno hacerla al comienzo de toda meditación. El propósito es permitir que nuestra energía fluya continuamente, disolver bloqueos y mantenernos firmemente conectados al plano físico, para no realizar un "viaje cósmico" durante la meditación.

Vamos a sentarnos cómodamente con la espalda recta, en una silla, o en el piso, con las piernas cruzadas. Ahora cerramos los ojos y respiramos lenta y profundamente, contando de 10 a 1 hasta sentirnos totalmente relajados. Imaginemos que hay un largo cordón atado a la base de nuestra columna, que se extiende por el piso y se mete en la tierra. Si lo deseamos, podemos imaginar que es como la raíz de un árbol, que penetra cada vez más profundamente en la tierra. Esto se denomina "cordón de arraigo".

Ahora imaginemos que la energía de la tierra fluye por ese cordón (y nos atraviesa la planta de los pies si estamos sentados en una silla), sigue fluyendo por todas las partes de nuestro cuerpo y nos sale por la cabeza. Imaginemos esto hasta que realmente lleguemos a sentir que el fluir quedó establecido. Ahora imaginemos que la energía del cosmos fluye a través de nuestra cabeza, atraviesa todo nuestro cuerpo y sale a través del cordón de arraigo y de nuestros pies hacia la tierra. Vamos a sentir esta energía, que fluye en direcciones opuestas, y que se mezcla armoniosamente en nuestro cuerpo.

Esta meditación nos mantendrá equilibrados entre la energía cósmica de la visión, de la fantasía y de la imaginación, y la energía estable, terrena del plano físico... equilibrio que aumentará nuestra sensación de bienestar y nuestra capacidad de manifestación.

Cómo Abrir los Centros de Energía

Esta es una meditación para recuperar y purificar nuestro cuerpo y para mantener nuestra energía en un fluir constante. Es excelente para practicarla por la mañana al despertarnos, o al comienzo de un período de meditación, o cuando necesitemos relajarnos y reanimarnos:

Vamos a acostarnos de espaldas, con los brazos al costado del cuerpo o con las manos cruzadas sobre el estómago. Ahora cerramos los ojos, nos relajamos y respiramos con tranquilidad, profunda y lentamente.

Imaginemos que una esfera brillante de luz dorada nos rodea la parte superior de la cabeza. Vamos a inspirar y expirar profunda y lentamen-

te cinco veces, manteniendo la atención en la esfera de luz, sintiendo su brillo.

Ahora vamos a dejar que nuestra atención se dirija a la garganta. Nuevamente, imaginemos una esfera dorada de luz que emana de la zona de nuestra garganta. Inspiremos y expiremos lentamente cinco veces, concentrados en esta luz.

Dejemos que nuestra atención descienda hasta el centro del pecho. Volvamos a imaginar la luz dorada que brilla en el centro de nuestro pecho. Otra vez vamos a respirar cinco veces profundamente, y a sentir que la energía se expande más y más.

Luego vamos a fijar nuestra atención en el plexo solar; visualicemos la esfera de luz dorada que nos rodea a la altura de la mitad del cuerpo. Respiremos profundamente cinco veces.

Ahora visualicemos la luz brillando en y alrededor de nuestra zona pélvica. Volvamos a respirar profundamente cinco veces, sintiendo que la energía de la luz se irradia y se expande.

Finalmente, visualicemos la esfera brillante de luz alrededor de nuestros pies, y respiremos cinco veces más.

Ahora imaginemos a todas estas seis esferas de luz brillando al mismo tiempo, lo que hace que nuestro cuerpo parezca un collar de piedras preciosas que irradia energía.

Respiremos profundamente y, al expirar, imaginemos que la energía fluye hacia abajo por la parte externa del lado izquierdo de nuestro cuerpo, desde la punta de la cabeza hasta los pies. Al inspirar, imaginemos que fluye hacia arriba por el lado derecho del cuerpo hasta la punta de la cabeza. Hagamos que nos circule alrededor del cuerpo tres veces.

Visualicemos ahora que esta energía nos fluye desde la punta de la cabeza hacia los pies, por el lado frontal del cuerpo, mientras expiramos lentamente. Al inspirar, vamos a sentir que fluye hacia arriba por la parte posterior de nuestro cuerpo hasta la punta de la cabeza. Dejemos que esta energía circule en ese sentido tres veces.

Ahora vamos a imaginar que la energía se nos acumula en los pies, y vamos a dejar que fluya hacia arriba lentamente, a través del centro de nuestro cuerpo, desde los pies hasta la cabeza, irradiándose desde la punta de la cabeza como una fuente de luz, luego fluyendo hacia abajo por el centro de nuestro cuerpo hasta los pies. Vamos a repetir esto todas las veces que deseemos.

Cuando terminemos esta meditación estaremos profundamente relajados, pero energizados y estimulados.

Cómo Crear Nuestro Santuario

Una de las primeras cosas que debemos hacer cuando comenzamos a utilizar la visualización creativa es crear un santuario en nuestro propio interior, adonde podamos dirigirnos en cualquier momento. Nuestro santuario es el lugar ideal para relajarnos, tranquilizarnos y sentirnos seguros, y podemos crearlo exactamente a nuestro gusto.

Vamos a cerrar los ojos y a relajarnos en una posición cómoda. Imaginemos que estamos en un hermoso escenario natural. Puede ser cualquier lugar... en una pradera, en la cima de una montaña, en un bosque, junto al mar. Incluso puede ser bajo el océano, o en otro planeta.

Debe ser un lugar cómodo, agradable y tranquilo. Exploremos los alrededores, prestando atención a los detalles visuales, los sonidos y olores, y otras sensaciones o impresiones que nos provoque el lugar.

Ahora vamos a hacer algo para que el lugar nos parezca más familiar y para sentirnos más cómodos en ese entorno. Podemos construir allí algún tipo de casa o refugio, o simplemente rodear la zona con una luz dorada de protección y seguridad, crear y acomodar las cosas según nuestro gusto y conveniencia, o hacer un ritual para establecerlo como nuestro lugar especial.

De ahora en adelante éste será nuestro propio santuario personal interior, al que podremos volver en cualquier momento con sólo cerrar los ojos y desearlo. Siempre nos resultará recuperador y nos sentiremos relajados en él. Además, es un lugar de un poder especial para nosotros, y podemos ir allí cuando hagamos visualización creativa.

Puede suceder que nuestro santuario cambie espontáneamente cada tanto, o que querramos cambiarlo o agregarle cosas. Nuestro santuario nos da la posibilidad de ser muy creativos y de divertirnos... sólo debemos recordar que deben mantenerse las condiciones indispensables de paz, tranquilidad, y una sensación de absoluta seguridad.

Nuestro Guía Interior

Tenemos toda la sabiduría y el conocimiento necesarios en nuestro propio interior. Se nos manifiestan a través de la mente intuitiva, que está conectada con la inteligencia universal. Sin embargo, no suele resultarnos fácil conectarnos con nuestra sabiduría superior. Una de las mejores maneras de hacerlo es conocer y familiarizarnos con nuestro guía interior.

Este guía interior recibe distintos nombres, tales como consejero, guía espiritual, amigo imaginario, o maestro. Es una parte superior de nosotros mismos, que puede venir a nosotros bajo formas diferentes, pero generalmente nos llega bajo la forma de una persona o un ser con quien podemos hablar y relacionarnos como si fuera un amigo inteligente y querido.

El siguiente es un ejercicio que nos ayudará a conocer a nuestro guía espiritual. Si lo deseamos, podemos hacer que un amigo nos lea esto mientras nosotros hacemos la meditación. Si no, leamos primero el ejercicio, cerremos los ojos y meditemos.

Vamos a cerrar los ojos y a relajarnos profundamente. Nos dirigimos a nuestro santuario interior y nos quedamos allí por unos momentos, para relajarnos y orientarnos. Ahora imaginamos que en el santuario estamos en un sendero que se estrecha en la distancia. Comenzamos a caminar por el sendero y vemos a la distancia una forma que se acerca a nosotros, y que irradia una luz clara y brillante.

Al acercarnos, comenzamos a notar si se trata de un hombre o de una mujer, cómo es, cuántos años tiene y qué ropa lleva. Cuanto más cerca estamos, más detalles podemos distinguir del rostro y de la forma.

Vamos a saludar a este ser y a preguntarle cómo se llama. Aceptemos el primer nombre que nos venga a la mente y no nos preocupemos.

Ahora vamos a mostrarle el santuario a nuestro guía y a explorarlo juntos. Puede suceder que nuestro guía nos muestre cosas que no habíamos notado, o quizás simplemente disfrutemos de nuestra mutua presencia.

Preguntemos a nuestro guía si hay algo que quiera decirnos, o si tiene algo que aconsejarnos en ese momento. Si queremos, podemos hacerle preguntas específicas. Podemos obtener respuestas inmediatas, pero si no ocurriera así, no nos desalentemos, las respuestas vendrán a nosotros de alguna manera en otro momento.

Cuando sentimos que la experiencia de estar juntos se completó por el momento, le damos las gracias a nuestro guía, le expresamos nuestro aprecio y le pedimos que vuelva a nuestro santuario en otra oportunidad.

Abrimos los ojos y volvemos al mundo exterior.

Cada persona tiene distintos tipos de experiencias de encuentro con sus guías, por lo que resulta difícil generalizar. Básicamente, si nos sentimos bien con nuestra experiencia, podemos seguir así. Si no, tendremos que ser creativos y hacer lo que sea necesario para cambiarla.

No debemos preocuparnos si no percibimos a nuestro guía con claridad y precisión. Muchas veces adopta la forma de una luz brillante, o de una figura borrosa, indistinta. Lo importante es sentir su presencia, su poder y su amor.

Si nuestro guía llega a nosotros bajo la forma de alguien a quien conocemos, está bien, a menos que no nos haga sentir bien. En ese caso, debemos repetir la experiencia y pedirle a nuestro guía que se nos presente bajo una forma con la que no nos cueste relacionarnos.

No debemos sorprendernos si nuestro guía parece excéntrico o algo extraño... la forma en que se nos presenta responde a nuestra propia capacidad creativa, que es ilimitada. Por ejemplo, puede ocurrir que nuestro guía tenga un sentido del humor inusual y sorprendente, o un nombre exótico y una disposición a lo dramático. También sucede que algunos no se comunican por medio de palabras, sino en una transmisión directa de impresiones sensitivas o de conocimiento intuitivo.

Nuestro guía también puede cambiar de forma, e incluso de nombre, cada tanto. O puede ser el mismo durante años. También podemos tener más de un guía al mismo tiempo.

Nuestro guía está allí para que lo llamemos cuando lo necesitamos o cuando necesitamos un apoyo extra en cuanto a guía, sabiduría, conocimiento, apoyo, inspiración creativa, amor o compañía. Muchas de las personas que establecieron una relación con sus guías se encuentran con ellos cada día en las meditaciones.

Técnica de la Burbuja Rosa

La siguiente meditación es muy simple y eficaz.

Ejercicio:

Vamos a sentarnos o a acostarnos en una posición cómoda, a cerrar los ojos y a respirar profunda, lenta y naturalmente. De a poco nos vamos relajando más y más.

Imaginemos algo que nos gustaría manifestar. Imaginemos que ya ocurrió. Vamos a verlo en nuestra mente con mucha claridad.

Ahora, con el ojo de nuestra mente, rodeemos esta fantasía con una burbuja rosa y coloquemos nuestro objetivo dentro de la burbuja.

Rosa es el color asociado al corazón, y si la vibración de este color rodea a lo que visualicemos, nos acercará sólo lo que esté en perfecta afinidad con nuestro ser.

El tercer paso es soltar la burbuja e imaginar que va volando por el universo, conteniendo nuestra visión. Esto simboliza que emocionalmente estamos "soltando" esa visión. Ahora es libre para volar por el universo, atrayendo y juntando energía para manifestarse.

Ya no hace falta que hagamos nada.

Meditaciones Curativas

Curación para nosotros mismos

Vamos a sentarnos o a acostarnos; respiramos y nos relajamos profundamente. Comenzando con los tobillos, pies, piernas, pelvis y hacia arriba, concentramos nuestra atención en cada parte de nuestro cuerpo por vez, y le pedimos que se relaje y que libere las tensiones. Tenemos que sentir que todas las tensiones se disuelven y desaparecen.

Si queremos, podemos hacer la meditación para abrir los centros de energía de manera que nuestra energía fluya realmente.

Ahora imaginemos que una energía dorada, suave y curativa nos rodea... vamos a sentirla... a vivirla... a disfrutarla.

Si hay alguna parte del cuerpo que nos duela o que esté enferma, vamos a preguntarle si tiene un mensaje para darnos. Podemos preguntarle si hay algo que necesitemos comprender o hacer, exactamente en ese momento o en todos los momentos de nuestra vida.

Si obtenemos una respuesta, tratemos de comprenderla y de practicarla. Si no logramos respuesta, sigamos con el proceso.

Ahora vamos a enviarle una energía especial de amor y de curación a esa parte nuestra, y a cada parte nuestra que lo necesite, y sentir cómo se va curando. Podemos tener a nuestro guía con nosotros, o a otro maestro o curador, para que nos ayude en esta curación.

Imaginemos que el problema se diluye y libera energía, o cualquier otra imagen que nos sirva.

Ahora nos imaginamos en un estado de salud perfecto y radiante. Pensemos que en diferentes situaciones nos sentimos bien, activos y felices. Nos veremos divinos, radiantes, hermosos.

Afirmaciones:

He trascendido todo modelo de enfermedad.
    ¡Soy libre y saludable!
Estoy pleno de salud y energía radiantes.
Amo y acepto mi cuerpo totalmente.
Soy bueno con mi cuerpo, y mi cuerpo es
    bueno conmigo.
Me siento energizado y pleno de vitalidad.
Mi cuerpo está equilibrado, en perfecta
    armonía con el universo.

*Agradezco por ser cada vez más saludable,
hermoso y vital.*

*Soy una expresión radiante de Dios. Mi
mente y mi cuerpo manifiestan ahora una
perfección divina.*

A partir de ahora, cada vez que hagamos
esta meditación tendremos que imaginarnos a
nosotros mismos sólo en perfecto estado de
salud, con una luz dorada curadora que nos rodea. No le demos más fuerza o energía al "problema", a menos que creamos que necesitamos
comprender algo más sobre eso.

Curación para otros

Esta meditación debe hacerse en soledad,
no en presencia de la otra persona. Podemos
querer o no querer decirle a esa otra persona
que estamos haciendo meditaciones curativas
para su bien; esto dependerá de cómo acepte la
idea a nivel de personalidad.

*Vamos a relajarnos profundamente y a ha-
cer las preparaciones que necesitemos para entrar en un estado de profunda tranquilidad.*

*Pensemos que somos un canal transparente
a través del cual fluye la energía curadora del
universo. Esta energía no viene de nosotros, sino de una fuente superior, y nosotros ayudamos
a focalizarla y dirigirla.*

Ahora imaginemos claramente y pensemos

en la persona. Le preguntamos si hay algo en particular que podamos hacer por él o por ella en nuestra meditación. Si nos contesta, tendremos que invertir toda nuestra habilidad en realizar lo que nos pide, si estamos de acuerdo.

Si sentimos el impulso de trabajar sobre la curación de una parte de su cuerpo en especial, o sobre un problema en particular, debemos hacerlo. Simplemente veamos cómo se disuelven los problemas, cómo todo queda curado y funciona perfectamente.

Luego imaginemos a esa persona rodeada por una luz dorada y curativa... la vemos radiantemente saludable y feliz. Vamos a hablarle directamente (en nuestra mente); le recordamos que en realidad es un ser perfecto, que es parte de Dios, y que no debe permitir que ningún dolor o enfermedad se apodere de él o de ella. Le decimos que tiene todo nuestro apoyo para permanecer totalmente sana y feliz, y que seguiremos enviándole amor y energía.

Cuando nos sentimos completos abrimos los ojos y volvemos al mundo exterior, renovados, refrescados, saludables y energizados.

De ahora en más, en nuestras meditaciones tendremos que ver a esta persona perfectamente bien. Ya no le demos energía o poder mental a la enfermedad; simplemente veamos a esa persona completamente recuperada.

Curaciones grupales

Las curaciones que se realizan en grupo resultan muy eficaces.

Si la persona sujeto de la curación está presente, tendremos que pedirle que se acueste o que se siente en una silla en el centro de la habitación (lo que le resulte más cómodo), con los integrantes del grupo sentados formando un círculo a su alrededor.

Todos debemos cerrar los ojos, tranquilizarnos, relajarnos profundamente y comenzar a imaginar que enviamos energía a la persona que está en el centro. Debemos recordar que es la energía curadora del universo que se canaliza a través de nosotros. Veamos a la persona rodeada por una luz dorada, sintiéndose bien y en un perfecto estado de salud.

Si queremos, podemos levantar todos las palmas hacia la persona que está en el centro, y sentir que la energía fluye hacia él o ella a través de nuestras manos.

Se crea un poder especial si todos juntos decimos "OM" durante unos minutos mientras hacemos la curación, porque agregamos la vibración curadora de sonido al proceso (al decir "OM" pronunciamos una nota larga y profundamente resonante con la sílaba o-o-o-m-m, manteniéndola hasta que podamos y repitiéndola una y otra vez).

Si la persona no está presente, todos tendremos que saber su nombre y la ciudad en la que vive, y luego proceder como si estuviera allí. El poder de la energía curadora no se ve afectado por la distancia. Yo he presenciado tantas curaciones maravillosas logradas tanto para gente de lugares distantes cuanto para los que estaban presentes en el momento de la recuperación.

Meditación curadora para dolores

La siguiente es una técnica de meditación que podemos realizar con alguien que sufra de dolor de cabeza o de algún otro dolor específico:

Debemos hacer que la persona se acueste, cierre los ojos y se relaje profundamente. Tendrá que concentrarse en su respiración durante un instante, respirando profunda y lentamente, pero de manera natural. Hagamos que cuente de 10 a 1 lentamente, y que se sienta transportado a un estado de relajación más profundo con cada número que cuenta.

Cuando esté profundamente relajado, hagamos que imagine un color brillante, el color que desee (que imagine el primer color que le venga a la mente). Le vamos a pedir que lo vea como una esfera de luz brillante de unos quince centímetros de diámetro. Ahora le pedimos que la haga crecer y crecer, hasta que llegue a ocupar todo el campo de su visión mental. Cuando lo ha-

ya hecho, le vamos a pedir que contraiga la esfera, que la achique hasta llegar al tamaño original. Vamos a pedirle que la contraiga nuevamente hasta que el diámetro sea de alrededor de unos dos centímetros, que siga achicándola, hasta que finalmente desaparezca por completo.

Tendremos que volver a repetir el ejercicio de visualización, pero esta vez la persona deberá imaginar que el color es su dolor.

Invocación

Invocar significa "llamar" o "convocar". La invocación que se utiliza en meditación es una técnica con la que podemos pedir que llegue a nosotros cualquier tipo de energía o cualidad:

Vamos a cerrar los ojos y a relajarnos profundamente. Tendremos que hacer algún tipo de meditación preparatoria, como arraigarnos, o abrir nuestros centros de energía, o simplemente ir a nuestro santuario, relajándonos y respirando profundamente durante unos momentos.

Una vez que nos sentimos relajados y energizados, vamos a decirnos en silencio, pero con firmeza y claridad: "Ahora convoco a la cualidad del amor". Vamos a sentir que la energía del amor viene a nosotros, o emana de algún lugar de nuestro interior, nos llena y se irradia. Nos quedamos unos minutos experimentando esta sensación. Luego podemos dirigirla hacia algún objetivo en especial a través de la visualización y afirmación.

Podemos utilizar el poder de invocación para convocar a cualquier cualidad o energía que necesitemos...

firmeza	*calidez*
sabiduría	*claridad*
serenidad	*inteligencia*
compasión	*creatividad*
dulzura	*poder curador...*

Sólo debemos decirnos firme y claramente que esa cualidad está llegando a nosotros.

Otra forma estupenda de utilizar el poder de invocación es convocar al espíritu o a la esencia de una determinada persona que tenga las cualidades que queremos. Si invocamos a uno de los maestros, como Buda, Cristo, o María, estaremos llamando a las cualidades universales que simboliza esa persona, que también están presentes en nosotros. Por ejemplo, si llamamos a Cristo para que trabaje en y a través de nosotros, estaremos convocando de manera muy poderosa a nuestras propias cualidades de amor, compasión, perdón y capacidad recuperadora.

Si tenemos un maestro, un profesor o un

héroe en particular con el que resonamos, podemos convocarlo a través de la invocación cada vez que tengamos la necesidad de manifestar sus cualidades especiales en nosotros.

Este tipo de meditación funciona muy bien cuando deseamos cultivar una habilidad o un talento especial. Por ejemplo, si estudiamos música o arte, podemos convocar a alguno de los grandes maestros a quienes admiramos en esos campos; debemos imaginar que nos apoya y nos ayuda, y sentir que su energía creativa y su genio fluyen por nuestro interior. No es necesario incorporar los problemas personales o las flaquezas que pudo haber tenido: lo convocamos en su aspecto más profundo. Con esta meditación pueden lograrse resultados sorprendentes.

Cómo Usar las Afirmaciones

Hay muchas maneras de usar las afirmaciones eficazmente para conseguir a través de ellas un aspecto más positivo y creativo y para que nos sirvan de ayuda a fin de lograr objetivos específicos.

Recordemos que es importante sentirnos *relajados* al afirmar. No nos acostumbremos a obtener resultados. Recordemos que ya *somos* todo lo que deseamos; cada mejoría es como agregarle más decoración a la torta.

En meditación
1. Digamos las afirmaciones en silencio mientras meditamos o nos relajamos profundamente; un muy buen momento es justo antes de acostarnos o justo antes de levantarnos.

Habladas

1. Digamos las afirmaciones en silencio o en voz alta durante todo el día, cuando se nos ocurran, especialmente cuando estamos manejando, haciendo quehaceres domésticos u otras tareas de rutina.

2. Digamos las afirmaciones en voz alta cuando nos miramos al espejo. Esto da muy buenos resultados cuando se trata de afirmaciones para mejorar nuestra autoestima y nuestro amor propio. Nos miramos directamente a los ojos y afirmamos que somos hermosos, adorables y valiosos. Si nos sentimos incómodos, debemos seguir afirmando hasta quebrar esas barreras y poder tener la experiencia total de mirarnos y gustarnos. Notaremos que este proceso nos provoca emociones y también las alivia.

3. Grabemos las afirmaciones y vayamos escuchándolas cuando estemos en casa, al manejar, etc. Usemos nuestro nombre y tratemos de afirmar en primera, segunda y tercera personas. Por ejemplo: *"Yo, Shakti, estoy siempre profundamente relajada y centrada en mí misma." "Shakti, estás siempre profundamente relajada y centrada en ti misma." "Shakti está siempre profundamente relajada y centrada en ella misma."*

También podemos grabar un discurso corto, de tres o cuatro párrafos, que describa la visualización ideal que tenemos de nosotros mismos o de una situación en particular. Puede ser hecha también en primera, segunda y/o tercera persona.

Escritas

1. Tendremos que tomar una afirmación en particular y escribirla 10 o 20 veces seguidas, pensando realmente en las palabras al escribirlas. Cambiemos la afirmación cada tanto si se nos ocurren mejores maneras de decirla. Esta es una de las técnicas más eficaces que conozco, y una de las más fáciles. En la cuarta parte de este libro le he dedicado un capítulo completo.

2. Podemos escribir a mano o a máquina distintas afirmaciones, y colgarlas por toda la casa o en la oficina como recordatorios. Los mejores lugares son: la heladera, el teléfono, el espejo, el escritorio, la cama y la mesa que utilicemos para cenar.

Con otras personas

1. Si tenemos un amigo que también quiere trabajar en afirmaciones, podemos realizarlas en pareja. Tendremos que sentarnos frente a frente, mirarnos a los ojos y turnarnos para decirnos afirmaciones y aceptarlas.

David: *"Linda, eres una persona hermosa, adorable y creativa."*

Linda: *"¡Sí, soy así!"*

Debemos repetir esto 10 o 15 veces de la misma manera, y luego intercambiar roles para que Linda le diga la afirmación a David y él la acepte. Luego lo intentaremos en primera persona:

David: *"Yo, David, soy un ser hermoso, adorable y creativo."*

Linda: *"Sí, eres así."*

Repetirlo varias veces.

Tenemos que asegurarnos de decir las afirmaciones sinceramente y con convicción, incluso si al principio nos sentimos un poco tontos. Es una oportunidad maravillosa para irradiar amor y apoyo hacia otra persona, y ayudarla realmente a cambiar sus conceptos negativos por positivos.

Está prácticamente garantizado que después de realizar este proceso experimentaremos un espacio de profundo amor en compañía.

2. De manera más informal, vamos a pedirles a nuestros amigos que nos digan afirmaciones con frecuencia. Por ejemplo, si queremos afirmar que estamos aprendiendo a expresarnos más fácilmente podemos pedirle a un buen amigo que nos diga frecuentemente: *"Jeny, últimamente estás hablando y expresándote con mucha claridad"*.

Resulta muy bueno jugar a decirnos esto mutuamente. Automáticamente tendemos a darle mucha fuerza a lo que nos dicen nuestros amigos, ya sea algo positivo o negativo; nuestra mente tiende a aceptar lo que otros nos dicen sobre nosotros mismos. Por eso se obtienen muy buenos resultados al recibir una retroalimentación fuertemente positiva en forma de afirmaciones de parte de los amigos.

3. Comencemos a incluir afirmaciones en nuestras conversaciones: hagamos declaraciones positivas sobre cosas y personas (incluyéndonos a nosotros mismos) que querramos ver en un aspecto más positivo. Podremos observar cambios asombrosos en nuestra vida por el simple hecho de dedicarnos a hablar más positivamente en las conversaciones diarias.

Un consejo: no debemos utilizar esta técnica si sentimos que contradecimos nuestros verdaderos sentimientos. No la utilicemos si estamos enojados o nos sentimos fuertemente negativos, porque vamos a sentir que nos estamos reprimiendo. Utilicemos esta técnica desde un espacio constructivo, para contribuir al cambio de nuestras matrices subconscientes de discurso negativo y de conjeturas subyacentes.

Cantadas

1. Tendremos que dedicarnos a aprender canciones que afirmen la realidad que nos gustaría crearnos; vamos a escucharlas y a cantarlas con frecuencia. Gran parte de nuestra conciencia actual fue formada por la música popular, que crea una realidad en la que nos sentimos desesperadamente dependientes de la persona que amamos, nos moriríamos si nos deja-

ra, nos preguntamos si vale la pena vivir si no "tenemos" a cierta persona, etc.

En la lista de lecturas recomendadas menciono algunos temas musicales que presentan conscientemente otro punto de vista.

2. Inventemos nuestras propias canciones usando las afirmaciones con las que queremos trabajar.

Más afirmaciones

Para aceptarnos a nosotros mismos
Me acepto completamente aquí y ahora.
Me quiero tal como soy y mejoro cada día.
Acepto todos mis sentimientos como parte de mí.
Soy hermoso y adorable en todo momento.
Estoy dispuesto a experimentar todos mis sentimientos.
Me hace bien expresar mis sentimientos.
Ahora me doy permiso para expresarlos.
Me quiero mucho cuando expreso mis sentimientos.

Para sentirnos bien
Me gusta divertirme y disfrutar, ¡y así lo hago!
Me gusta hacer cosas que me hagan bien.
Estoy siempre profundamente relajado y centrado.
Ahora siento profunda serenidad y paz interior.

Me alegro de haber nacido y adoro estar vivo.

Para relacionarnos

Me quiero a mí mismo y genero naturalmente relaciones de amor con otras personas.

Pongo fuerza y amor en mis relaciones.

Merezco tener amor y placer sexual.

Estoy dispuesto a aceptar una relación feliz y satisfactoria.

Estoy dispuesto a que mis relaciones funcionen bien.

Cuanto más me quiero a mí mismo, más quiero a ....

Amo a .... y .... me ama.

Todas las dificultades que tengo con .... se están diluyendo. Tenemos una relación maravillosa.

El amor divino obra a través de mí para crear una relación perfecta con...........

Atraigo el tipo de relaciones que realmente quiero.

Soy divinamente irresistible para mi pareja.

Para la creatividad

Soy un canal abierto para la energía creativa.

Todos los días me llegan ideas creativas e inspiración.

Soy el creador de mi vida.
Estoy creando mi vida exactamente como
quiero que sea.

Para el amor divino y la guía
El amor divino obra
perfectamente en esta situación para el
bien de todos.
El amor y la luz divina están obrando a tra-
vés de mí ahora.
El amor divino va delante de mí y me
prepara el camino.
Dios me está mostrando el camino.
Mi sabiduría interior me guía.
Soy guiado hacia la solución
perfecta de este problema.
La luz dentro de mí obra milagros en mi
cuerpo, en mi mente y en mis asuntos aquí y
ahora.

Cuarta Parte

Técnicas Especiales

*Si queremos conocer el secreto de las
buenas relaciones,
sólo debemos buscar lo divino en las personas
y en las cosas, y dejarle el resto a Dios*

J. Allen Boone
en *Kinship With All Life*

Cuaderno de Visualización
Creativa

Es una buena idea llevar un cuaderno de notas que pueda servirnos como cuaderno de ejercicios de visualización creativa. En esta sección les ofrezco una cantidad de ejercicios y procesos escritos que podemos practicar y anotar en el cuaderno. Podemos anotar afirmaciones que escuchemos o que pensemos, para acudir a ellas cuando las necesitemos. Hay muchas otras formas creativas de utilizar el cuaderno, tales como anotar nuestros sueños y fantasías, llevar un registro diario de nuestros progresos con la visualización creativa, anotar pensamientos e ideas inspiradoras, o citas de libros y canciones que nos digan algo, dibujar, o escribir nuestros propios poemas y canciones que expresen nuestra sensibilidad en aumento.

Yo tengo un cuaderno en el que suelo trabajar sobre mis objetivos, afirmaciones, lugares ideales y mapas del tesoro, que resultó una herramienta muy útil en la transformación de mi vida.

Estas son algunas sugerencias para iniciar el cuaderno de notas:

1. Afirmaciones. Vamos a escribir nuestras afirmaciones preferidas. Podemos anotarlas todas en una página, o utilizar una página para cada afirmación, con bordes decorativos y dibujos, para que al leerlas podamos tener una hermosa experiencia en las pausas que hagamos para meditar sobre cada una.

2. Lista de irradiaciones. Vamos a hacer una lista de todas las formas en que podemos irradiar nuestra energía al mundo y a todos los que nos rodean, tanto general como específicamente. Podemos incluir maneras de compartir dinero, amor y afecto, aprecio, energía física, amistad, emociones, y nuestros talentos y habilidades especiales. Vayamos agregando a esta lista todo lo que se nos ocurra.

3. Lista de logros. Vamos a hacer una lista de todo lo que sepamos hacer, o en lo que nos destacamos alguna vez. Tenemos que incluir todos los ámbitos de la vida, no solamente el trabajo. Vamos a anotar todo lo que nos importe, aunque no signifique nada para otros. Vayamos agregando lo que se nos ocurra, o nuevos logros que obtengamos. El propósito de esta lista es reconocernos y reconocer nuestras habilidades, lo que nos proporciona energía adicional para seguir consiguiendo logros.

4. Lista de agradecimientos. Vamos a hacer una lista de las cosas por las que estamos especialmente agradecidos, o que apreciamos tener en la vida. El hecho de confeccionar esta lista y de agregarle cosas nos dará la posibilidad de abrir el corazón y de darnos cuenta de la cantidad de riquezas que tenemos en la vida y que generalmente damos por sentadas. Incrementa nuestra percepción de la prosperidad y de la abundancia en todo nivel, y en consecuencia nuestra capacidad de manifestación.

5. Lista de autoestima. Hagamos una lista de las cosas que nos gustan de nosotros mismos, de todas nuestras cualidades positivas. No se trata de un "acercamiento al egoísmo"; cuanto mejor podamos sentirnos con nosotros mismos y cuanto más podamos percibir nuestras cualidades maravillosas, más felices y más amables seremos, fluirá en nosotros más energía creativa y mayor será nuestra contribución para con el mundo.

6. Lista de autoagradecimiento. Vamos a anotar todas las formas en que podemos ser buenos con nosotros mismos, cosas lindas que podemos hacer por nosotros, cosas que nos gusten y nos satisfagan. Pueden ser grandes o pequeñas, pero tendrá que tratarse de cosas que podamos hacer fácilmente todos los días, que debemos practicar efectivamente. Esto incrementa nuestra sensación de bienestar y de satisfacción en la vida, que a la vez nos ayuda a crear nuestra vida desde un espacio más claro.

7. Lista de curaciones y de ayuda. Vamos a anotar los nombres de las personas que sabemos que necesitan curación o ayuda especial de cualquier tipo. Podemos escribir afirmaciones especiales para ellas. Cada vez que repasemos nuestro cuaderno les estaremos dando un impulso especial de energía.

8. Fantasías e ideas creativas. Vamos a apuntar ideas, planes o sueños para el futuro, o ideas creativas que se nos ocurran, incluso si parecen imposibles de lograr. Esto nos ayudará a liberarnos y a estimular nuestra imaginación y nuestra capacidad creativa natural.

Quizás nos resulte difícil restarles tiempo a nuestros programas cotidianos para trabajar en el cuaderno de notas. Pero si le dedicamos unos pocos minutos por día, o una hora o dos por semana, notaremos que se logra tanto trabajo en el plano interno que vale cien veces la cantidad de tiempo y energía que hubiéramos invertido en el plano externo.

Depuración

En el aprendizaje de visualización creativa podemos entrar en contacto con bloqueos internos que nos impiden llegar a nuestra bondad superior.

Un "bloqueo" es un lugar donde la energía se contrae: no se mueve, no fluye. Por lo general, los bloqueos se producen en principio a causa de emociones reprimidas de temor, culpa y/o resentimiento (enojo), que hacen que una persona se cierre a nivel espiritual, emocional, mental e incluso físico.

Al abordar un bloqueo en cualquier nivel, es necesario que la energía se mueva y fluya en ese lugar. Las claves son:

1. Aceptación mental y emocional (en el

plano físico esto se manifiesta como relajación y descarga).

2. Observación clara, lo que lleva a la comprensión de la raíz del problema, que suele ser una actitud o una convicción limitativa.

Por lo tanto, cuando se trata de una zona de la conciencia que tiene un bloqueo, primero es necesario experimentar (tan plenamente como sea posible) la emoción que tenemos encerrada en ese lugar, con una actitud de amor y aceptación. De esta manera haremos que la energía bloqueada se mueva y tendremos la oportunidad de observar las convicciones o actitudes negativas subyacentes que dieron origen al problema. Podremos enfrentarlas y dejar que se disuelvan.

Aunque parezca sorprendente, el proceso de señalar las convicciones constrictivas y aceptar los sentimientos que esto nos despierta obra maravillas; casi ineluctablemente, la dificultad se disuelve y termina por desaparecer una vez que nos comprendemos y nos aceptamos. Es mucho más simple de lo que pensamos.

El truco consiste en amarnos y aceptarnos compasivamente por tener esa convicción, y al mismo tiempo ver con claridad que estamos dispuestos a deshacernos de esa convicción porque es limitativa, frustrante, autodestructiva y falsa.

Algunas de las convicciones que más comúnmente prevalecen y presentan dificultades son:

No estoy bien... hay algo que no funciona... siento que no tengo valor y que no merezco nada.

Hice muchas cosas malas (o sólo una) en mi vida y por eso merezco sufrir (o castigarme).

La gente (incluyéndome a mí) es esencialmente mala: egoísta, cruel, estúpida, indigna de confianza, tonta, etc.

El mundo es un lugar inseguro.

No hay suficiente.......... (amor, dinero, cosas buenas, etc.), así que:

Tengo que luchar para conseguir lo que me corresponde

o

Es inútil, nunca tendré lo suficiente.

o

Si tengo mucho, a alguien le va a faltar.

La vida es dolor, sufrimiento, esfuerzo... no se hizo para disfrutarla.

El amor es peligroso... me puede hacer mal.

El poder es peligroso... puede dañar a alguien.

El dinero es la raíz de todo mal. El dinero corrompe.

El mundo no funciona y no funcionará jamás. En realidad, empeora cada día.

No tengo control sobre lo que me pasa... No puedo hacer nada por mí ni por el mundo.

Al leer estas ideas negativas intentemos ver si alguna de ellas refleja una aceptación implícita de nuestro sistema de convicciones personales o de nuestras matrices emocionales.

Aunque nos deprima la lectura de todas estas ideas a la vez, el hecho es que cada uno de nosotros ha incorporado alguno de estos (u otros) conceptos negativos sobre la realidad, al menos en cierto grado. Si no fuera así, nos estaríamos manifestando como seres totalmente realizados, ya que el grado de aceptación de estos conceptos es lo que nos separa de la realización de nuestra naturaleza divina.

Y no es extraño que hayamos incorporado estas ideas a nuestra percepción de la realidad, ya que están permanentemente presentes en el mundo en este momento de la evolución. En realidad, el mundo está dirigido de acuerdo a estas ideas, aunque afortunadamente es una actitud que está en proceso de cambio.

Lo importante es darnos cuenta de que son únicamente convicciones personales; no tienen una verdad objetiva. Aunque a veces pueden parecer ciertas cuando miramos a nuestro alrededor, lo que ocurre es que hay muchos seres humanos que creen en ellas y actúan en consecuencia.

Lo mejor que podemos hacer (y es realmente eficaz) para cambiar el mundo, es cambiar nuestras propias convicciones sobre la esencia de la vida, de la gente, de la realidad, hacia al-

go más positivo... y comenzar a actuar en consecuencia.

Este libro nos dará algunas herramientas para hacer ese cambio.

Ejercicios de depuración:

Si tenemos problemas para lograr un objetivo, o nos resistimos a lograrlo, intentemos este ejercicio:

1. *Tomemos un pedazo de papel y escribamos en el borde: "La razón por la que no puedo tener lo que quiero es...", y escribamos cualquier pensamiento que se nos ocurra para completar la oración. No le dediquemos mucho tiempo y tampoco lo tomemos demasiado en serio, simplemente escribamos unas 20 o 30 cosas que se nos ocurran, aunque parezcan tonterías. Veamos los siguientes ejemplos:*

La razón por la que no puedo tener lo que quiero es...

> *mi pereza*
> *la falta de dinero*
> *no existe*
> *ya lo intenté y no funcionó*
> *mi madre dijo que yo no puedo*
> *no quiero*
> *es muy difícil*
> *tengo miedo*
> *a Juan no le va a gustar*
> *es demasiado divertido*

> *etc., etc.*

2. *Intentemos el mismo ejercicio, sólo que esta vez tendremos que nombrar específicamente lo que queremos, por ejemplo: "La razón por la que no puedo conseguir un buen trabajo es..."*, *y procedamos como en el ejercicio anterior.*

Luego nos vamos a sentar durante algunos minutos con la lista en la mano y tranquilamente vamos a ver si algunos de los pensamientos que escribimos nos suenan ciertos... si los creemos y hasta qué punto. Tenemos que sentir qué tipo de limitaciones ponemos en nosotros y en el mundo.

3. *Ahora vamos a escribir una lista de las actitudes más negativas que se nos ocurran de nosotros mismos, de otras personas, de relaciones, del mundo, etc.*

Nuevamente, vamos a sentarnos con la lista y a conectarnos con las ideas que consciente o inconscientemente ejerzan un poder emocional sobre nosotros.

Si en cualquier momento de estos ejercicios sentimos que nos emocionamos, experimentemos esa emoción lo más profundamente posible, con total aceptación. Podemos recordar una experiencia temprana, o algo que nuestros padres o maestros solían decirnos y que programó de alguna manera nuestra manera de ver el mundo.

4. *Cuando sentimos que el proceso finaliza,*

especialmente si pudimos conectarnos con una o más de nuestras convicciones negativas, rompemos las listas y las tiramos. Esto simboliza el poco poder que en realidad deben ejercer en nuestra vida.

Luego vamos a sentarnos tranquilos, relajados, y a hacer algunas afirmaciones para reemplazar nuestras convicciones frustrantes y limitdtivas por otras más abiertas, constructivas y positivas.

Algunas afirmaciones pueden ser:

Ahora libero todo mi pasado. Mi pasado es pasado, y ¡yo soy libre!

Disuelvo toda convicción negativa y limitativa. ¡Ya no ejercen ningún poder sobre mí!

Perdono y libero a todos en mi vida. Todos somos felices y libres.

No tengo que intentar complacer a otros. Soy adorable por naturaleza, no importa lo que haga.

Me desprendo de todas las culpas, los temores, resentimientos, frustraciones y envidias que tenía acumulados. ¡Soy libre y feliz!

Todas mis imágenes y mis actitudes negativas están disueltas. ¡Me quiero y me aprecio!

Todas las barreras que me impedían expresarme y disfrutar de la vida están disueltas.

El mundo es un lugar maravilloso para vivir.

El universo siempre provee.

Otros ejercicios depuradores:

1. *Perdón y liberación*. Escribamos en un papel los nombres de cada persona que alguna vez nos haya maltratado, dañado, que haya sido injusta, o hacia la que tengamos o hayamos tenido algún resentimiento, o profundo desagrado. Junto al nombre de cada persona escribamos lo que nos hizo, o por qué nos desagrada.

Luego cerramos los ojos, nos relajamos, y visualizamos o imaginamos a cada una de esas personas. Mantengamos una conversación corta con cada una de ellas, y expliquémosles que alguna vez sentimos resentimiento hacia ellas, pero que ahora vamos a esforzarnos por perdonarles todo, y a disolver y liberar la energía contraída que tenemos en nuestro interior. Los bendecimos y decimos: "Te perdono y te libero. Sigue tu camino y sé feliz".

Cuando terminamos este proceso, vamos a escribir en el papel: "Ahora los perdono y los libero a todos", y tiramos el papel, como símbolo de desprendernos de esas experiencias pasadas.

Mucha gente siente que este proceso de perdón y liberación los libera inmediatamente de la sensación de cargar con hostilidades y resentimientos acumulados. Lo maravilloso de esto es que las otras personas involucradas, aunque no volvamos a verlas, recogerán nuestro perdón a nivel psíquico y podrán depurar sus vidas también.

Puede suceder que la primera vez que realicemos este proceso no experimentemos alivio y liberación con ciertas personas (en especial con los padres, esposos, u otras personas importantes en nuestra vida). Si esto ocurre, sigamos con el proceso de tanto en tanto, bendiciéndolos y perdonándolos todas las veces que necesitemos hacerlo, y finalmente se resolverá. (Recordemos que hacemos esto para nuestro propio beneficio, salud y felicidad.)

Mucha gente experimenta recuperaciones milagrosas de problemas físicos después de este proceso, ya que muchos males físicos tales como cáncer y artritis están directamente relacionados con angustias y resentimientos acumulados.

2. Ahora escribamos los nombres de todas las personas a quienes hayamos producido algún tipo de daño o injusticia, y anotemos lo que les hicimos.

Volvamos a cerrar los ojos, a relajarnos, e imaginemos a cada persona por vez. Vamos a decirles lo que les hicimos, y a pedirles que nos perdonen y que nos den su bendición. Luego imaginemos que así lo hacen.

Cuando terminamos el proceso, escribimos en el borde inferior del papel (o sobre todo lo escrito): "Me perdono a mí mismo y me absuelvo de toda culpa, aquí y ahora, y para siempre". Luego rompemos el papel y lo tiramos.

Proceso final de depuración:

Revisemos los armarios, cajones, subsuelo, cochera, escritorio, o cualquier lugar adonde tengamos "porquerías" acumuladas que ya no necesitamos, para descartarlas o regalarlas.

Esta acción concreta y enérgica a nivel físico simboliza lo que estamos haciendo a nivel mental, emocional y psíquico: tiramos todo lo viejo, lo que ya no nos sirve, permitimos que la energía fluya, se mueva, y ponemos "la casa en orden". Nos hará sentir muy bien, especialmente si al mismo tiempo hacemos afirmaciones, tales como:

"Cuanta más energía irradio, creo más espacio para que lo bueno venga a mí."

"Amo dar y amo recibir."

"Al limpiar y purificar mi espacio físico estoy limpiando y depurando mi vida en todo aspecto."

"Pongo orden en mi vida, preparándome para aceptar todo lo bueno que venga a mí."

"Agradezco por todo lo bueno que tengo y por todo lo bueno que tendré."

Afirmaciones Escritas

Mediante la técnica que voy a describir se produjeron los cambios más importantes y sorprendentes de mi vida. Se trata de una combinación de afirmaciones escritas y de procesos de depuración, perfectamente combinados en uno. Me gusta mucho, porque es muy simple y fácil de hacer y llega a niveles muy profundos.

La afirmación escrita es una técnica muy dinámica, porque la palabra escrita ejerce un gran poder sobre nuestra mente. Escribimos y leemos la palabra al mismo tiempo, lo que nos produce una doble descarga de energía.

Vamos a tomar la afirmación que queremos trabajar y a escribirla 10 o 20 veces seguidas en un papel. Usemos nuestro nombre, y tratemos de escribirlas en primera, segunda y tercera persona. (Por ejemplo: "Yo, Juan, soy un cantante y autor talentoso". "Juan, eres un cantante y autor talentoso." "Juan es un cantante y autor talentoso.")

No escribamos sin sentirlo; pensemos realmente en el significado de las palabras mientras las escribimos. Notemos si sentimos alguna resistencia o duda, o si surgen pensamientos negativos sobre lo que escribimos. Cuando eso ocurra (incluso levemente), vamos a dar vuelta el papel y a anotar el pensamiento negativo, la razón por la que la afirmación no puede ser cierta, no puede funcionar, o lo que fuera. (Por ejemplo: "No 'soy lo suficientemente bueno". "Soy demasiado viejo." "Esto no va a funcionar.") Luego volvamos a escribir la afirmación.

Cuando terminamos, vamos a observar la parte de atrás del papel. Si fuimos honestos, podremos ver claramente las razones por las que no pudimos tener lo que queríamos en este caso en particular.

Teniendo esto en cuenta, pensemos afirmaciones que puedan ayudarnos a contrarrestar estas convicciones o temores negativos, y comencemos a escribir estas nuevas afirmaciones. También podemos quedarnos con la afirmación original si nos resulta eficaz, o modificarla un poco para que sea más exacta.

Sigamos trabajando con afirmaciones escritas una o dos veces por día durante unos días.

Cuando lleguemos a sentir que realmente cono-
cemos nuestra programación negativa, dejemos
de escribirla y continuemos solamente escribien-
do las afirmaciones.

Mi experiencia con este proceso es que en general todo lo que afirmé se manifestó en cuestión de días e incluso de horas. Y con este proceso también logré valiosas introspecciones de mis propias matrices.

Fijar Objetivos

Probablemente, lo que nos resulte más difícil para obtener lo que queremos en la vida sea imaginar lo que realmente queremos. Y sin embargo es lo más importante.

Pude comprobar que para mí es inevitablemente así: en cuanto tengo una intención bien definida de crear algo en particular, se manifiesta casi inmediatamente (incluso en cuestión de horas o días después de haber tenido la intención), con muy poco esfuerzo de mi parte. Yo siento como una especie de "click" en la mente, cuando de repente experimento con mucha fuerza algo que quiero, y con la misma fuerza siento que voy a lograrlo... Generalmente necesito dedicar cierta cantidad de tiempo y de energía para procesarlo antes de llegar a ese punto de claridad. Con mucha frecuencia este "click de claridad" fue precedido por sentimientos de confusión, frustración y desesperanza, a través de los cuales tuve que trazar mi camino. Entonces, no debemos preocuparnos... la hora más oscura es justo antes del amanecer.

Podemos descubrir con mayor facilidad lo que queremos en la vida mediante el proceso de fijar objetivos. Yo logro buenos resultados a través de algunos ejercicios con lapicera y papel, que voy a compartir con ustedes. Cuando trabajamos en fijar objetivos, es importante tener en cuenta algunas cosas.

Recordemos que fijar objetivos no significa que vamos a quedarnos pegados a esos objetivos. Podemos cambiarlos cuando lo consideremos necesario.

También debemos recordar que fijar objetivos no significa que tengamos que procurarlos mediante esfuerzos ni luchas. No significa que tengamos que volvernos adictos a conseguirlos. Por el contrario, fijar objetivos puede ayudarnos a fluir por la vida más fácilmente, con menos esfuerzo y más placer. La esencia de la vida es movimiento y creatividad, y los objetivos nos dan un enfoque y una dirección claros para canalizar nuestra energía creativa natural, ayudándonos así a irradiar energía y a contribuir con el mundo, lo que intensifica nuestra sensación de bienestar y satisfacción. Los objetivos están allí para ayudarnos y apoyarnos en nuestros proyectos auténticos.

Podemos armar los objetivos con la consigna de que la vida es un juego ameno que hay que jugar, y que puede ser muy gratificante. No tenemos que tomarlos muy profunda ni seriamente. Al mismo tiempo, debemos darles la importancia suficiente como para que sean realmente válidos para nosotros mismos.

Vamos a notar que el mismo proceso de fijar objetivos nos impondrá una cierta resistencia emocional. Podemos experimentarlo de distintas maneras, tales como sentirnos deprimidos, desesperanzados, o sobrecogidos al pensar que estamos intentando fijar objetivos. Puede suceder también que querramos distraernos haciendo otras cosas, como comer, ir a dormir, o lo que sea. Estas reacciones emocionales (si las tenemos) son indicios de las formas en que evitamos obtener lo que queremos en la vida. Es importante seguir y experimentar estas sensaciones y reacciones, para pasar por ellas y continuar con el proceso. Cuando lo hayamos hecho podremos apreciar su valor.

Entonces podremos volver a disfrutar completamente de todo el proceso y encontrarlo muy expansivo, divertido y esclarecedor. ¡Así lo espero!

No transformemos el hecho de fijar objetivos en algo muy complicado ni importante. Comencemos con cosas simples y obvias. Recordemos que siempre podemos cambiarlos y desarrollarlos con el paso del tiempo.

Ejercicios:

1. *Vamos a sentarnos con una lapicera y un papel, y a escribir las siguientes categorías:*

Trabajo / carrera

Dinero

Estilo de vida / posesiones

Relaciones

Expresión creativa

Tiempo libre / viajes

Crecimiento personal / educación

Ahora, teniendo en cuenta nuestra situación actual, escribamos debajo de cada categoría lo que nos gustaría tener, cambiar o mejorar en un futuro cercano. No pensemos demasiado, simplemente anotemos algunas ideas que se nos ocurran como buenas posibilidades.

El propósito de este ejercicio es liberarnos y hacernos pensar sobre lo que queremos en distintos aspectos de la vida.

2. *Tomemos otro papel y escribamos en el borde superior: "Si puedo ser, hacer y tener todo lo que quiero, éste sería mi escenario ideal:"*

Ahora hagamos una lista de las mismas siete categorías y, a continuación de cada una, escribamos un párrafo o dos (o todos los que deseemos) que describa la situación ideal absolu-

ta de nuestra vida, hasta donde podamos fantasearla.

El propósito de este ejercicio es llevarnos más allá de nuestros límites actuales, por lo que debemos dejar que nuestra imaginación tome el mando y nos permita tener todo lo que siempre quisimos.

Cuando terminamos, vamos a agregar otra categoría: situación mundial / ambiente. Vamos a describir el tipo de cambios que nos gustaría que se dieran en el mundo en el curso de nuestra vida, si tuviéramos el poder de cambiar cosas: la paz mundial, el final de la pobreza, que las personas se respeten entre sí y respeten a la Tierra, las escuelas transformadas en estimulantes centros de aprendizaje, los hospitales transformados en verdaderos centros de recuperación, etc. Podemos ser totalmente creativos en esta categoría, y descubriremos cuántas ideas interesantes se nos ocurren que jamás habíamos imaginado antes.

Ahora volvamos a leer todo y meditemos sobre ello un momento. Creamos una imagen mental de una vida maravillosa en un mundo hermoso.

3. Volvamos a tomar un papel en blanco. Vamos a escribir una lista de los diez o doce objetivos más importantes de nuestra vida, tal como lo sentimos en este momento, basándonos en lo que nos parece más importante del escenario

ideal que creamos anteriormente. Recordemos que podemos cambiar esta lista en cualquier momento (y así deberíamos hacerlo de tanto en tanto).

4. *Ahora vamos a escribir: Mis Objetivos A Cinco Años, y listamos los objetivos más importantes que nos gustaría lograr dentro de los próximos cinco años.*

Se logran muy buenos resultados al escribir los objetivos en forma de afirmaciones, como si ya los hubiéramos logrado. Esto nos ayuda a lograr un efecto más claro y eficaz. Por ejemplo:

Ya tengo 10 hectáreas de tierra en el campo, con una hermosa casa, huertas, un arroyo y muchos animales.
Ahora me mantengo fácilmente con los ingresos que logro por cantar y tocar mis propias canciones para un público entusiasta y apreciativo.

Al escribir los objetivos, debemos asegurarnos de que se trate de cosas reales e importantes para nosotros, cosas que realmente queremos que pasen, no lo que pensamos que deberíamos querer. No es preciso que alguien vea nuestros objetivos a menos que así lo querramos, y este proceso requiere que seamos totalmente honestos con nosotros mismos.

5. *Vamos a repetir el proceso anterior con nuestros objetivos a un año. No anotemos demasiados; si al principio tenemos muchos, eliminemos todos menos los cinco o seis más importantes. Tendremos que chequear que estén alineados con nuestros objetivos a cinco años. Es decir, debemos asegurarnos de que se muevan en el mismo sentido, de manera que cuando logremos los objetivos a un año estemos un paso más cerca de los objetivos a cinco años. Por ejemplo, si uno de los objetivos a cinco años es tener nuestro propio negocio, uno de los objetivos a un año puede ser ahorrar una cierta cantidad de dinero con ese fin, o tener un trabajo en una actividad similar, donde podamos adquirir alguna experiencia que luego necesitaremos.*

Ahora escribamos nuestros objetivos a seis meses a partir de este momento; luego a un mes, y a una semana también a partir de ahora. Nuevamente, hagamos algo fácil y elijamos los tres o cuatro más importantes. Seamos realistas sobre lo que podemos lograr en objetivos a plazos muy cortos. Volvamos a asegurarnos de que estén alineados con los objetivos a plazos más largos.

Quizás nos resulte difícil ser tan específicos sobre eventos tan lejanos en el futuro, y podemos llegar a sentirnos incómodos planeando nuestra vida de esta manera. Sin embargo, el hecho de trazar un plan no nos obliga a seguirlo; sin ninguna duda, vamos a cambiarlo considerablemente. El propósito de este ejercicio es:

a) ponernos prácticos en fijar objetivos,

b) aceptar que muchas de nuestras fantasías pueden convertirse en realidad si así lo queremos, y

c) contactarnos con algunos de los propósitos importantes de nuestra vida.

Sugiero guardar los objetivos en el cuaderno. Cada tanto, quizás una vez por mes, o cuando creamos necesitarlo, podemos sentarnos con el cuaderno y realizar algunos de los procesos nuevamente, repasando y volviendo a moldear los objetivos según lo necesitemos. Tenemos que asegurarnos de fechar cada papel que utilicemos y guardarlos en orden en el cuaderno, ya que es muy interesante e informativo repasarlos y ver cómo van evolucionando.

Algunas reglas generales:

1. Para objetivos a corto plazo (una semana, un mes) seamos muy simples y realistas: debemos elegir cosas que estemos seguros de poder lograr, a menos que tengamos la necesidad especial de enfrentar un gran desafío (lo que a veces puede ser muy bueno también). Cuanto más largo sea el plazo del objetivo, más expansivos e imaginativos podemos ser, para que nuestros horizontes se extiendan constantemente.

2. Cuando ocurra que no hemos logrado alguno de los objetivos (lo que sucederá inevitablemente), no debemos criticarnos ni asumir que fallamos. Simplemente debemos reconocer claramente que no logramos el objetivo, y decidir si todavía es un objetivo para nosotros; es decir, debemos decidir si queremos volver a fijarlo, o si preferimos olvidarlo. Es muy importante reconocer los objetivos no cumplidos de esta manera. De otro modo, puede que se nos acumulen en la mente y sintamos subconscientemente que "fallamos", lo que finalmente hará que evitemos fijar objetivos.

3. Cuando ocurra que logramos un objetivo, por poco importante que sea, debemos asegurarnos de reconocerlo. Tenemos que darnos unas palmaditas en la espalda y disfrutar de un momento de satisfacción. Sucede con muchísima frecuencia que logramos nuestros objetivos y ni siquiera lo notamos ni disfrutamos el hecho de haberlo conseguido.

4. No hagamos todo al mismo tiempo. Fijemos objetivos que nos hagan sentir bien. Si nos sentimos sobrecogidos, confundidos o desanimados... simplifiquemos. Quizás nos convenga trabajar en objetivos en un solo aspecto de nuestra vida, como el trabajo, o las relaciones. La esencia de este proceso es ayudarnos a disfrutar más de la vida.

Si fijamos muchos objetivos que no logramos, puede suceder que estén muy por fuera de nuestro alcance, o que en realidad no los deseemos, por lo que no tenemos una intención interior real de trabajar para lograrlos. Elijamos objetivos que querramos conseguir verdaderamente.

Los objetivos deben hacernos sentir bien: exaltados, expandidos, satisfechos, desafiantes. Si no, ¡busquemos los que nos hagan sentir así!

Escenario Ideal

La visualización creativa puede tomar la forma de imaginería y palabras mentales, de palabras habladas (afirmaciones), de palabras escritas, o de una imagen física (mapa del tesoro). Todo lo que nos ayude a crear una "heliografía" precisa para imprimir en el universo es útil en la visualización creativa.

El siguiente ejercicio nos ayudará a crear una imagen clara a través de palabras escritas. El proceso nos servirá para aclararnos sobre lo que realmente queremos, y también nos ayudará a manifestarlo. Yo lo uso para mis objetivos importantes.

Ejercicio:

Vamos a pensar en un objetivo que nos parezca importante. Puede ser a largo o a corto plazo.

Escribamos el objetivo lo más claramente posible en una oración.

Debajo de eso vamos a escribir Escenario Ideal, y procederemos a describir la situación exactamente como deseamos que sea cuando logremos nuestro objetivo. Debemos describirla en tiempo presente, como si ya existiera, con todos los detalles posibles.

Cuando terminemos, vamos a escribir al final:

"Esto o algo mejor se manifiesta para mí de maneras totalmente satisfactorias y armoniosas", agreguemos todas las afirmaciones que querramos y firmemos con nuestro nombre.

Luego nos sentamos tranquilos, nos relajamos, visualizamos ese escenario ideal a nivel de meditación y hacemos las afirmaciones.

Vamos a guardar este escenario ideal en el cuaderno, en el escritorio, cerca de la cama o colgado en la pared. Conviene leerlo con frecuencia, y hacerle los cambios apropiados cuando sea necesario. Podemos traerlo a la mente durante los períodos de meditación.

Un consejo... si lo dejamos olvidado en un cajón, es muy probable que algún día se manifieste de todos modos... sin que le hayamos inyectado energía conscientemente.

Yo suelo repasar mis objetivos anteriores, mis escenarios ideales y mapas del tesoro pasados, y me sorprende encontrar que hay cosas que tenía totalmente olvidadas y que mágicamente ocurrieron en mi vida, casi con la exactitud con que originalmente las había imaginado.

Mapas del Tesoro

La técnica de trazar un "mapa del tesoro" es muy eficaz y divertida.

Un mapa del tesoro es un dibujo real de nuestra realidad deseada. Es muy útil porque forma una imagen especialmente clara y precisa que luego puede atraer y focalizar energía en el objetivo. Trabaja sobre las mismas líneas que una heliografía para una construcción.

Podemos hacer un mapa del tesoro dibujado o pintado, o en collage, con dibujos y palabras recortadas de revistas, libros, postales, fotos, etc. No debemos preocuparnos si no logramos un trabajo artístico. Los mapas del tesoro simples, como dibujos de niños, son tan eficaces como las grandes obras de arte.

Básicamente, el mapa del tesoro debe mos-

174

trarnos a nosotros mismos en el escenario ideal, con el objetivo totalmente logrado.

Estas son algunas pautas que nos ayudarán a realizar los más eficaces mapas del tesoro:

1. Hagamos un solo mapa del tesoro para cada objetivo o aspecto de la vida, para poder incluir todos los elementos sin complicarnos demasiado. Esto permite que la mente se focalice en el objetivo con más claridad y facilidad que si incluyéramos todos los objetivos en un único mapa del tesoro. Podemos hacer un mapa para las relaciones, uno para el trabajo, uno para el crecimiento espiritual, etc.

2. Puede tener el tamaño que más nos convenga. Podemos guardarlo en el cuaderno, colgarlo en la pared, o llevarlo en el bolsillo o en la cartera. Yo suelo trazar el mío en un cartón finito, que se mantiene mejor que el papel.

3. Debemos asegurarnos de incluirnos a nosotros mismos en el dibujo. Para lograr un efecto bien realista conviene usar una fotografía. Si no, podemos dibujarnos. Tenemos que aparecer haciendo, siendo o teniendo el objetivo deseado: viajando por el mundo, vistiendo ropa nueva, como autores orgullosos de nuestro nuevo libro, etc.

4. Mostremos la situación en su forma ideal, completa, como si ya existiera. No es preciso indicar cómo va a suceder. Este es el producto terminado. No mostremos nada negativo ni indeseable.

5. Usemos muchos colores en el mapa, para incrementar el poder y el impacto sobre nuestra mente.

6. Debemos mostrarnos en un lugar real: hagamos que nos parezca creíble.

7. Conviene incluir algún símbolo de lo infinito que tenga significado y fuerza especial para nosotros. Puede ser un símbolo "om", una cruz, Cristo, un buda, un sol radiante o algo que represente la inteligencia universal o Dios. Esto sirve como reconocimiento y recordatorio de que todo viene de la fuente infinita.

8. Tenemos que incluir anotaciones en el mapa del tesoro. *"Aquí estoy, manejando mi nuevo Datsun. Me encanta, y tengo dinero suficiente para mantenerlo."*

Debemos asegurarnos de incluir también la afirmación cósmica: *"Esto, o algo mejor, se manifiesta para mí en total satisfacción y armonía, para el profundo bienestar de la vida".*

El proceso de crear nuestro mapa del tesoro es un paso importante hacia la manifestación del objetivo. Sólo debemos dedicar unos minutos por día a observarlo tranquilamente, y a pensar en él cada tanto durante el día. Eso es todo.

Algunas ideas para los mapas del tesoro

Estas son algunas ideas posibles para trazar los mapas del tesoro, que pueden estimular nuestra imaginación:

Salud: Debemos mostrarnos a nosotros mismos muy saludables, activos, hermosos; el hecho de participar en cualquier actividad indica una salud perfecta.

Peso o condición física: Debemos mostrarnos a nosotros mismos con un cuerpo perfecto y sentirnos muy bien (podemos recortar de una revista una foto que se parezca a nosotros en condiciones perfectas y pegarle una foto nuestra en la cabeza!). Podemos poner frases dentro de globos que nos salgan de la boca, como en las historietas, que indiquen cómo nos sentimos, por ejemplo: *"Me siento muy bien y me veo fantástico ahora que peso 56 kilos y estoy en un muy buen estado físico".*

Imagen propia y belleza: Debemos mostrarnos como queremos sentirnos... hermosos, relajados, disfrutando de la vida, cálidos y amables. Incluyamos palabras y símbolos que representen estas cualidades.

Relaciones: Incluyamos fotos nuestras y de nuestros amigos, pareja o hijos, con dibujos, símbolos y afirmaciones que nos muestren felices, amables, comunicativos, disfrutando de una relación sexual profunda y maravillosa, etc.

Si estamos buscando una nueva relación, incluyamos dibujos y palabras que representen cualidades que deseamos de la persona y de la relación; mostrémonos con la persona ideal.

Trabajo o carrera: Debemos mostrarnos

haciendo lo que realmente queremos, con compañeros interesantes y agradables, ganando mucho dinero (especifiquemos cuánto), en el lugar que queremos, y cualquier otro detalle pertinente.

Creatividad: Usemos símbolos, colores y dibujos que indiquen que nuestra creatividad está en desarrollo. Debemos mostrarnos a nosotros mismos haciendo y manifestando cosas creativas e interesantes, y sintiendo que nos gusta hacerlo.

Familia y amigos: Mostremos a miembros de nuestra familia o amigos en una relación plenamente armoniosa con nosotros y entre ellos.

Viajes: Debemos mostrarnos en el lugar donde queremos estar, con mucho tiempo y dinero para disfrutarlo.

Y así podemos seguir. Esto es sólo una idea. ¡A divertirnos!

Salud y Belleza

Hay muchas maneras de usar la visualización creativa para mantener y mejorar nuestra salud, aptitud física y belleza. Como ocurre con todas las cosas, nuestra salud y atractivos son creados por nuestra actitud mental, por lo que al cambiar nuestras convicciones y la manera en que nos ponemos en armonía con nosotros y con el mundo, podemos experimentar profundos cambios físicos.

Ya hemos hablado del valor de los mapas del tesoro para estos aspectos. Las siguientes son otras de mis técnicas preferidas. Seguramente cada uno encontrará otras técnicas de su propia creatividad.

Actividad física

Podemos utilizar visualización creativa y afirmaciones para obtener el beneficio máximo y disfrutar de cualquier tipo de actividad física que realicemos. Podemos utilizar la visualización creativa tanto en el momento del ejercicio físico cuanto en otras oportunidades, cuando practicamos meditación o relajación.

Por ejemplo, si nos gusta correr, vamos a imaginarnos corriendo muy suavemente, con cada paso damos un gran salto y recorremos un vasto territorio sin esfuerzos, casi volando. Durante los períodos de relajación debemos afirmarnos que cada día tenemos más rapidez, más fuerza y mejor estado físico. Imaginemos que ganamos carreras, si es uno de nuestros objetivos.

Si practicamos ejercicios de danzas o yoga, en el momento de hacerlos vamos a concentrarnos en nuestro cuerpo, en los músculos, vamos a imaginar que se relajan y se alargan, nos vemos elásticos y flexibles.

Utilicemos la visualización creativa para ser mejores en nuestros deportes favoritos; debemos imaginar que cada vez somos mejores, hasta destacarnos por nuestra excelencia.

Tratamientos de belleza

Debemos hacer cosas por nosotros que nos hagan sentir que estamos prestándonos un cuidado especial. La visualización creativa puede transformar una rutina diaria en un tratamiento de belleza ritual.

Por ejemplo, cuando nos bañamos o nos damos una ducha caliente, visualicemos que el agua caliente nos relaja nos seda, y nos cura completamente. Imaginemos que todos los problemas se escurren o se depuran, y nada queda excepto nuestro brillo interior natural.

Vamos a ponernos cremas o aceites en el rostro y en el cuerpo, dedicándonos mucho cariño, afirmando que tenemos una piel cada vez más suave y más joven. Al lavarnos el pelo, pongamos atención en lo que hacemos, y afirmemos que nuestro pelo está más fuerte, brillante y saludable que nunca. Al cepillarnos los dientes, afirmemos mentalmente que son muy fuertes, saludables y hermosos. Y así con todo lo que hagamos.

Rituales en la comida

Muchas personas tienen conceptos negativos en relación con la comida. Pensamos que lo que comemos nos va a hacer engordar, o nos va a caer mal (nos va a enfermar), pero tendemos a seguir comiendo compulsivamente esos mismos alimentos, y de esta manera nos creamos estrés y conflictos internos, que finalmente nos producen los efectos temidos: obesidad y enfermedad.

Además, muchas personas comen inconscientemente. Solemos estar tan ocupados hablando y pensando en otras cosas, que no logramos concentrarnos en el sabor delicioso y nutritivo de lo que comemos.

Comer es un ritual mágico, un proceso asombroso en el que varias formas de energía del universo se transforman en la energía que forma nuestros cuerpos. Todo lo que pensamos y sentimos en ese momento es parte de la alquimia.

Sentados frente a la comida, vamos a cerrar los ojos por un momento, a relajarnos y a respirar profundamente. En silencio, vamos a agradecer al universo por esta comida, y a todos los seres que ayudaron a proporcionarla, incluyendo las plantas y los animales, la gente que la cultivó y la preparó para nosotros.

Abrimos los ojos y miramos la comida; observemos realmente cómo es. Sintamos su aroma. Comencemos a comerla lentamente, debemos estar plenamente concentrados y disfrutar del sabor. Al comer, vamos a hablar mentalmente con nosotros mismos, y a decirnos que esta comida se está transformando en energía vital para nosotros. Vamos a decirnos que nuestro cuerpo utiliza todo lo que necesita y elimina lo que no necesita. Imaginemos que estamos cada vez más sanos y hermosos como resultado de comer esa comida. Esto debemos hacerlo sin que importe cualquier concepto previo que pudiéramos tener sobre lo bien o lo mal que la comida pueda hacernos.

Si fuera posible, comamos lentamente, y dediquemos unos momentos después de haber terminado para disfrutar del agradable brillo cálido que emana de nuestro estómago cuando está satisfecho y feliz.

Cuanto más recordemos concentrarnos en la comida de esta manera, estaremos incorporando más salud y belleza.

Este es otro ritual aún más simple:

Antes de ir a acostarnos, cuando nos levantamos, o en algún momento del día, vamos a servirnos un vaso alto de agua fresca. Nos sentamos, nos relajamos, y lo bebemos lentamente. Al beberlo, vamos a decirnos que el agua es el elixir de la vida y la fuente de la juventud. Imaginemos que nos lava todas las impurezas y que nos proporciona energía, vitalidad, belleza y salud.

Estas afirmaciones son útiles para salud y belleza:

Cada día soy más hermoso y tengo una salud radiante.

Todo lo que hago mejora mi salud y belleza.

Todo lo que como mejora mi salud, belleza y atractivos.

Soy bueno con mi cuerpo y mi cuerpo es bueno conmigo.

Ahora estoy delgado, fuerte y en perfecto estado, no importa lo que haga.

Cada día estoy más fuerte y vigoroso.

Quiero comer sólo lo que sea mejor para mí.

Cuanto más me quiero y me aprecio, más hermoso me veo.

Tengo un atractivo irresistible para los hombres (o mujeres).

Visualización Creativa en Grupos

Muchas de las técnicas que figuran en este libro pueden adaptarse al uso grupal. La visualización creativa da muy buenos resultados en grupos, ya que la energía del grupo le da automáticamente mucha fuerza. La energía de cada persona tiende a servir de apoyo a los demás, y en este caso el todo se convierte en más que la suma de las partes.

No importa en qué grupo trabajemos, ya sea en familia, en grupo de amigos, de trabajo, de acción social, en una iglesia o en un grupo espiritual, en un taller o una clase, la visualización creativa nos proporciona las herramientas para lograr los objetivos del grupo, o simplemente para que los miembros se conecten entre sí de manera más profunda.

Estas son algunas formas de usar la visualización creativa en un grupo:

Canciones. Tendremos que elegir canciones que expresen un sentimiento, una idea o una actitud que querramos crear o cultivar en nosotros y en el mundo. La música es muy importante cuando se trata de realizar cambios.

Meditación e imaginación. Elijamos un objetivo o una imagen y hagamos que todos se sienten y mediten silenciosamente, visualizando y afirmando juntos. Los resultados son sorprendentes.

Mapa del tesoro. Hagamos que cada persona cree su propio mapa del tesoro para un objetivo del grupo, o que todo el grupo cree su propio mapa del tesoro. Incluso se puede nombrar una comisión para mapas del tesoro.

Afirmaciones. Realicemos afirmaciones en parejas, como se describe en la sección sobre el uso de afirmaciones. También podemos hacer que todo el grupo diga afirmaciones en voz alta al mismo tiempo.

Curación. La curación grupal es una experiencia maravillosa. Ver la sección sobre meditaciones de curación.

Visualización Creativa en
Relaciones

Una de las mejores maneras en que podemos utilizar la visualización creativa es para mejorar nuestras relaciones. Dado que los seres humanos somos tan sensibles entre nosotros y en muchos otros niveles, somos especialmente susceptibles y receptivos a las formas de pensamiento que tenemos sobre cada uno de nosotros. Son estas formas de pensamiento y las actitudes subyacentes que reflejan las que forman nuestras relaciones y hacen que funcionen o no.

En las relaciones, como en el resto de las cosas, obtenemos lo que creemos, esperamos y "pedimos" en nuestros niveles más profundos. Las personas con que nos relacionamos son siempre un espejo que refleja nuestras convicciones y, simultáneamente, nosotros somos espejos que reflejan sus convicciones. Por lo tanto, las relaciones son una de las herramientas más poderosas de crecimiento que tenemos; si observamos con honestidad nuestras relaciones podremos tener una clara imagen de cómo las creamos.

Tomemos una actitud de total responsabilidad hacia nuestra relación. Asumamos por un momento que somos los únicos responsables de que la relación sea así, sin importar la responsabilidad que a nuestro parecer le cabe a la otra persona. Si en la relación hay cosas que no nos satisfacen, tendremos que preguntarnos por qué y cómo las creamos así. Veamos si podemos descubrir qué convicciones centrales tenemos que nos llevaron a crear una relación menos que satisfactoria y feliz. ¿Cuál es la ganancia de quedarnos en un espacio infeliz? (Siempre hay una ganancia en todo lo que hacemos; de otro modo, no lo haríamos.)

Si realmente deseamos tener relaciones profundamente placenteras y felices, si creemos que podemos tenerlas, y si estamos dispuestos a aceptar esa felicidad y satisfacción, seremos capaces de crear relaciones que nos beneficien.

Estas actitudes nos ayudarán en nuestras relaciones:

1. Observemos los objetivos en la relación. ¿Qué es lo que realmente queremos de esta relación? Consideremos todos los niveles: físico,

emocional, mental y espiritual. Diseñemos un escenario ideal, o tracemos un mapa del tesoro que exprese nuestra visualización perfecta en esta relación.

2. Observemos con sinceridad las convicciones y actitudes que nos impiden crear lo que queremos. Podemos utilizar un proceso de depuración para conectarnos con nuestras actitudes limitativas. Por ejemplo, podemos escribir: "La razón por la que no puedo tener una relación perfecta con..... es...", o "La razón por la que no puedo tener lo que quiero en esta relación es...". Luego escribamos las respuestas que se nos ocurran.

3. Usemos afirmaciones e imágenes mentales para cambiar nuestros conceptos negativos, y para comenzar a visualizar y crear relaciones amorosas y satisfactorias.

4. La técnica de decirse afirmaciones mutuamente puede ayudarnos muchísimo a mejorar esa relación. Por supuesto que es de suma importancia que la comunicación con la otra persona sea honesta, que se realice desde nuestros sentimientos más sinceros sobre lo que nos gusta y lo que no nos gusta, y sobre lo que queremos. Pero en vez de quejarnos continuamente sobre los defectos y debilidades del otro, tratemos de llegar a un acuerdo para afirmarnos mutuamente que estamos mejorando y progresando en nuestro crecimiento y desarrollo. Entonces, en vez de decir: "Jorge, ¿por qué siempre me

interrumpes cuando estoy diciendo algo?", podemos acordar decirle a Jorge en los momentos indicados: "Aprecio que estés aprendiendo a escuchar". De esta manera, no sólo le recordamos amablemente a Jorge que debe mejorar su capacidad de escuchar, sino que también comenzamos a cambiar nuestra imagen de Jorge, tanto como la imagen que Jorge tiene de sí mismo.

Recordemos que el potencial de perfección está dentro de cada relación, así como dentro de cada individuo. Siempre está allí, nuestra tarea es sólo descubrirlo, sacarle las capas de "basura" que fuimos poniéndole encima.

En nuestras relaciones nos hemos encasillado con demasiada frecuencia en ciertos roles e imágenes mutuas que nos resultaron difíciles de cambiar. Es como si nos hubiéramos metido cada uno en determinada caja con determinada etiqueta. Nos damos cuenta de que nos limita y nos confina demasiado, pero no siempre sabemos cómo salir de allí.

La visualización creativa nos proporciona una herramienta maravillosa para expandir nuestros roles y estereotipos. Comencemos a visualizar y afirmar imágenes nuevas para nosotros y para la otra persona; veamos el potencial de cambio positivo dentro de cada persona y de cada situación, y brindemos a ese cambio positivo energía y apoyo a través de la visualización creativa.

Quinta Parte

Cómo Vivir
Creativamente

*La única manifestación positiva
es la que origina un cambio
o un crecimiento consciente;
es decir, que manifiesta a Dios,
o lo revela más plenamente,
al mismo tiempo que manifiesta una forma...*

David Spangler
en *Manifestación*

Conciencia Creativa

La visualización creativa no es sólo una técnica, sino fundamentalmente un estado de conciencia. En ese estado somos profundamente conscientes de ser los creadores permanentes de nuestro universo, y asumimos esa responsabilidad en todo momento.

No hay separación entre nosotros y Dios; somos expresiones divinas del principio creativo en este nivel de existencia. No puede haber escasez alguna; no hay nada que tengamos que intentar lograr o atraer; contenemos el potencial de todo en nuestro interior.

La manifestación a través de la visualización creativa es el proceso de percibir y hacer visible nuestro potencial divino en el plano físico.

Descubrir Nuestro Propósito Superior

Una necesidad básica de todos los seres humanos es hacer una contribución positiva al mundo y a nuestros congéneres, así como mejorar y disfrutar de los aspectos personales de nuestra vida. Todos tenemos mucho para ofrecer al mundo y a nosotros mismos, cada uno de manera única y especial. Hasta cierto punto, nuestra sensación personal de bienestar está relacionada a cuánto podemos ofrecer.

Cada uno de nosotros debe hacer una gran contribución en esta vida. Puede tratarse de varias cosas, o de algo muy simple. Yo denomino a esta contribución "nuestro propósito superior". Se trata siempre de ser nosotros mismos total, plena y naturalmente, y de hacer algo que realmente nos guste hacer y que nos resulte fácil.

En nuestro interior, todos sabemos cuál es nuestro propósito, aunque por lo general no lo reconocemos conscientemente, ni siquiera para nosotros mismos. De hecho, la mayoría de la gente parece esforzarse por ocultarlo a sí mismos y al mundo. Temen y buscan evitar la fuerza, la responsabilidad y la luz que se logran con el reconocimiento y la expresión de su verdadero propósito en la vida.

Cuando usemos la visualización creativa, notaremos que nos ponemos más en armonía y que somos más conscientes de nuestro propósito. Veremos los elementos que tienden a repetirse en nuestros sueños, objetivos y fantasías, la cualidad particular que aparece en las cosas que hacemos y creamos. Estos son indicios importantes sobre el significado subyacente y el propósito de nuestra vida.

Al usar la visualización creativa veremos que nuestra capacidad de manifestación funcionará según cómo estemos alineados con nuestro propósito superior. Si tratamos de manifestar algo y no funciona, puede no ser apropiado para la matriz y el significado subyacente de nuestra vida. Seamos pacientes y sigamos armonizando con nuestro guía interior. Retrospectivamente, veremos que todo se desarrolla perfectamente.

Este es un momento de grandes transformaciones en el planeta. Todos tenemos que tomar parte, simplemente deseando ser sinceramente nosotros mismos.

Nuestra Vida es
Nuestra Obra de Arte

Me gusta pensar en mí como una artista, y mi vida es mi gran obra de arte. Cada momento es un momento de creación, y cada momento de creación contiene posibilidades infinitas. Puedo hacer cosas como siempre las hice, o puedo considerar las diferentes alternativas, y probar algo nuevo y distinto y potencialmente más gratificante. Cada momento presenta una nueva oportunidad y una nueva decisión.

Qué juego maravilloso estamos jugando, y que magnífica forma de arte...

Si usted disfruto de *Visualización Creativa*, nosotros altamente recomendamos los siguiente libros:

Las Siete Leyes Espirituales del Éxito: Una Guía Práctica para la Realización de Tus Sueños por Deepak Chopra. Amber-Allen Publishing/New World Library, 1995. Basado en leyes natural que dirigen todo del creación, Dr. Chopra destila el estencia de sus enseñanza dentro siete simple pero poderoso principos que puede fácilmente ser aplicado para crear éxito en todo áreas de su vida. Está lleno con eterno sabidura y pasos prácticos que usted puede aplicar ahora mismo.

The Call of Our Blood: The Wisdom of the Hispanic People [La Llamada de Nuestra Sangre: La Sabiduría de la Gente Hispánica] redacto por Nicolás Kanellos. New World Library, 1995. Esta Español/Inglés colección de citaciónes deci la portavoz y escrito herencia de una gente orgullosa, extendando el lirico, poético, y cómico. Por lectores buscando para ensanchar sus conocimiento de gente Hispánica, se dirige a docena asuntos central para la historia Hispánica.

New World Library
58 Paul Drive
San Rafael, CA 94903
teléphono: (415) 472-2100
fax: (415) 472-6131
o llama grátis: (800) 227-3900